中小學生必讀

中國歷史轉捩點

作者／曹若梅
繪者／一手刀

作者序

美國總統雷根（Ronald Wilson Reagon）在西元一九八二年，向全球華人恭賀新年快樂時，說道：「祝福各位，這是你們的第四六八〇個新年。」四六八〇！此話怎講？

原來，若以中華文明的始祖黃帝算起，黃帝紀元是在西元前二六九八年，加上雷根總統當時的一九八二年，剛好是四六八〇年，足見中華文化的源遠流長，已獲得舉世公認。但是，正由於這種浩如煙海的史料內容，不僅讓孩子產生難以理解的迷思，加上無法解脫考試引導教學的魔咒，學生們被迫背誦一些陌生的人名、地名和事件，結果便是詳加探究的熱情沒了，欲知後事如何發展的好奇心也沒了，只剩下艱澀深奧，令人望而生畏的教材，這真是非常可惜的事。

不過，許多歷史素材在大家的生活中不但俯拾皆是，更是耳熟能詳的話題。不論成語典故、民俗節日或是影視娛樂，都習慣以歷史作為骨幹加以改編；但是，收視率節節攀高的坊間劇集，其內容是符合史實的歷史嗎？還是渲染誇張的文學歷史呢？傳統的歷史故事中，脫離不了忠孝節義的主軸，其內容本身就極具張力，可以說是現成的劇本素材，若再由編劇群組大筆一揮，許多跌宕起伏、扣人心弦的情節就一一浮現了，但卻也超脫歷史的真相甚遠。

所以，當觀眾隨著劇情的轉折而蕩氣迴腸時，或許那根本就是一種誤導！所謂「典型在夙昔」，身為歷史老師責無旁貸，應該指引學生如何從真實的紀錄中，欣賞前人典範。正所謂「殷鑑不遠」，又如何從真實的案例中引以為誡。因此，歷史教育不僅是學校裡應付考試的一環，同時也兼具社會教育的功能，歷史老師可謂是任重而道遠。

邁入教學生涯的三十大關以後，也參與兩岸談話性節目的歷史專題，我經常省思自身素養的不足，該如何廣涉知識，開拓眼界，活化教材，讓學生在深刻學習的同時，既能爭取高分，又能引發共鳴，培養正確的價值觀。所以，我挑選了與課程相關的人物和事件，做為本書撰寫的主軸，也充實自己教學相長的志趣。

在本書的編寫過程中，感謝我的師長、前輩給予匡正，以及編輯群鉅細靡遺的協助，在此致上由衷的感謝，也期待各界賢達不吝賜教之。

曹若梅

目次

明清時期

民國時期

泱泱華夏——大禹

禹悉知洪水的特性，
計畫開渠挖溝，
使水患變身為水利，
於是天下昇平。

「大家加把勁兒，把土填進去，阻斷洪水，我們就不用擔憂了。」鯀指揮著百姓奮力工作，這時是西元前二十三世紀堯在位的時代。根據《孟子》所載：「當堯之時，水逆行，氾濫於中國，蛇龍居之，民無所定，下者為巢，上者為營窟。」

孟子所形容的洪水，在形式上或嫌誇張，竟然持續了二十年之久。不過，對於洪水過後的景象，孟子所說與事實確實相符。因為人們四散逃逸，所以洪水一退，地面上便充斥著異禽猛獸，嚇得人們流離失所，只好在樹上築巢，或是上山穴居，無法從事耕種，生活困頓無依。

當時正是賢君堯在位期間，他無法坐視人民受苦，便派了鯀負責治水，還將鯀封為崇伯，賜姓姒。鯀是個負責認真的人，只不過，他錯估了形勢，把狀況弄得是難以收拾。

根據《尚書》形容，鯀使用了兩種方法對付水患，那就是「填」和「障」。「只要阻斷水路，就能遏止氾濫。」鯀信心堅定的以為。可是，意想不到的狀況發生了。「此處被阻，洪水便流往他處，又該如何？」經過一番思考，鯀策劃了新法：「那就堆土築堤，水來土掩，照樣可以阻擋氾濫。」

結果，事情的進展竟然徒勞無功。鯀奔波了將近十年，調動無數人馬，想要填平低窪地區的洪水，又想要築堤擋水，竟然仍是惡水橫流，潰堤奔竄，鯀幾乎束手無策，更無顏面對芸芸眾生。

其實，鯀是不必如此自責的。根據古籍記載，鯀因為填土築堤，因此發明了城牆，日後可以防禦敵人入侵，保衛城內居民；但是，面對茫茫惡水，鯀確實難辭其咎，因此被放逐到羽山。

據說鯀死後肉身不腐，天帝於是下凡，用劍剖開他的肚子，只見一隻龍飛躍而出，這隻龍便是禹。由於這時仍屬於傳說的上古時期，神話雖不可信，卻彰顯出人們為不平凡的禹，增添了非凡的讚頌。

「父親將洪水視為仇敵，而一味阻擋；我則把洪水當成朋友，是可以溝通疏導的。」二十歲的禹接掌了治水的令旗，貫徹其父的果敢，再飾以自己的智慧，攜眾站上與水搏鬥的前線，制定「疏川導滯，鍾水豐物」的方案。

眾所周知的「大禹治水，三過家門而不入。」的確是史實。禹悉知洪水的特性，計畫開渠挖溝，引其順流，又廣開分水的支流，化整為零，使滾滾濁流消泯於無形；附加價值便是使水患變身為水利，化原野為糧田桑土，使沼澤繁衍魚蝦，於是天下昇平。

禹花了十三年的時間與水奮戰，日日勞身焦思，他的兒子啟出生之時，他還站在治水最前線而無暇返家。後人感念他公而忘私的美德，世代傳頌不絕，成為政治家的典範。

禹還把治水的方法詳列在九個銅鼎上，讓人們一探究竟，日後可以依法炮製以避水患。當時的天下共主舜，已經高齡八十三歲了，他決定讓位給禹，這便是「禪讓政治」。

傳說禹還接受天命，得到天帝賜予的玄圭，乃建國號為「夏」，這是中國歷史上的第一個王朝。禹建立王朝後，分封了堯的兒子丹朱和舜的兒子商均，自己到東南各地去巡守，和各地部族相會在塗山，一時之間，各地酋長帶了禮物前來朝貢，這正是以德服人的榜樣。

禹一生勤勞節儉，死後要求薄葬，兒子啟繼位，開始父死子繼的「世襲」制度。司馬遷稱為「禹子啟賢，天下屬意焉。」可惜啟的繼任者太康，是個行事荒唐的人。這時候，一個來自東方有窮氏的勇士后羿，率眾將太康驅逐，自己取而代之。后羿的武功卓絕，傳說他曾經用箭射下天上九個太陽，使大地免受燒炙之苦。

虛幻縹緲的傳說不足信，但二十世紀在河南省和山西省所發現的考古遺跡「二里頭遺址」，確實被證明是夏朝的文化，卻因為缺乏文字的佐證，後人對於夏朝的存疑依舊……。

太康的姪孫少康長大後奪回政權，史稱「少康中興」，是中國中興復國的第一人。六世之後到了昏庸的孔甲，他的嗜好是飼龍，還特別找人為他養龍。殊不知龍這種祥瑞之物，是可以遠觀而不能把玩，上天對孔甲的失德極為震怒，夏朝已逐步走向衰亡。

幾世之後的桀，是歷史上著名的暴君，他嗜殺成性，荒淫無道，遭到人民的唾棄。夏朝的國祚到此為止，時為西元前一六〇〇年。此時東方的另一支民族「商」便取而代之。

夏朝的歷史因為過於久遠，其中又渲染傳說的神祕色彩，歷代史家總就其真偽爭論不休。但隨著文物遺跡的出土，夏朝的歷史日益確鑿，而且具有高度的水平。例如：出土的文物「石磬」，證明當時已有音樂。又如禹的孫子仲康在位時「日蝕發生，天昏地暗」，這是根據《書經》所載，再經由今人以科學方法推算，這次日蝕約發生在西元前一八七六年的十月十六日，是世界上最早的一次日蝕紀錄。足見夏朝對於天象觀測之精，連孔子都為之折服不已。孔子曾和弟子論及治國之術，乃在於「行夏之時」，其中所指便是夏朝的曆法，也就是今日農曆的雛形。夏朝是中華文化的起源，後世乃有「華夏」之稱。

夏商周時期

易水悲歌的荊軻

「士為知己者亡」，為了感謝太子丹的知遇之恩，荊軻則是冒死詐降，深入虎穴。

「宣！燕國使者覲見。」這一聲徵召，迴盪在偌大的秦廷，只見殿前武士排列如林，執戟而立，氣氛森嚴肅穆。荊軻被震懾住了，他深深吸一口氣，昂首挺立，邁開第一步。

在九位迎賓贊禮的引導下，荊軻手捧木匣，後面跟著副手秦舞陽，拿著督亢地圖，屏氣凝神的接近大殿。

威嚴富麗的秦宮，襯托秦王的威儀，讓秦舞陽慌了手腳，突然之間面如土色，渾身打起哆嗦。

「這人是怎麼了？」秦國的大臣納悶著。荊軻稍一回首，看見秦舞陽額頭上豆大的汗珠，荊軻立刻從容不迫的向秦王報告：「懾於大王天威，這個來自北境的粗人膽怯不已，還望大王寬容，讓他完成出降的使命。」

秦王嬴政看了看神色自若的荊軻，再對照秦舞陽的驚惶，不免為自己的威風得意起來。「荊軻，你拿著督亢地圖上殿吧！」

為了殲滅六國一統天下，秦國已經攻滅韓國和趙國，而兵臨燕國。督亢（今河北固安、涿州一帶）是燕國境內最肥沃的區域，也是秦國勢在必得之地。如今燕國使者奉上督亢地圖，意味著燕國向秦輸誠，嬴政自是欣喜非凡。

至於原執於荊軻手中的木匣，裡面裝的，則是名將樊於期的項上人頭。

「樊於期這個叛賊，終有一日，寡人要將你碎屍萬段！」嬴政不只一次拍案怒罵。樊於期本是秦國大將，伐趙失敗後，不敢面對軍法懲處，竟然投奔到燕國，受到太子丹的器重，怎不令秦王為之氣結？此刻荊軻捧來樊於期的人頭，更足以顯現燕國投降的誠意。

「寡人要仔細看看地圖，你走過來。」嬴政對督亢可真是興致勃勃。荊軻沉穩的走上前去，無視於四周險境，他緩緩的展開長卷地圖，突然抽出預藏在卷中的匕首。

秦王著實嚇了一跳，荊軻的左手緊抓著秦王右邊的衣袖，右手握著匕首。「這匕首上餵有劇毒，只要碰觸到秦王的皮膚，便能見血封喉！」荊軻心裡想著。但是，拉扯中的秦王衣袖竟從肩部撕扯開來，秦王立刻掙脫，拔腿就跑，荊軻緊追不捨，殿上的大臣全看傻了眼。依照秦法規範，臣子不得攜帶武器上殿，殿下的武士雖備器械，沒有命令也不能上殿，如此造成無人救駕的局面，只見秦王圍著大殿的柱子轉圈兒，想要閃躲荊軻。嬴政一心要拔出腰間佩劍，慌亂之間難以使力，加之以劍身太長，弄了個手忙腳亂。

秦王的佩劍長約七尺，換算成今日的數據，則是一百六十二公分，難怪施展不開。此時大臣們也看出了問題的癥結所在，便齊聲高呼：「大王負劍！」

嬴政立即明白，該如何掌握優勢。他把長劍推到背後，劍柄朝下，劍峰向上，伸手從下部朝上向前抽劍，如此一來，長劍頓出，手持短小匕首的荊軻，便立即處於劣勢。

更具關鍵性的一擊，則是身背藥囊上朝的御醫夏無且，他解下背上的藥囊，用力砸向荊軻，荊軻不明來物為何，本能性的閃躲，不覺放緩了腳步，這幾秒中的間隔，讓秦王有了起死回生的轉機。

荊軻再也無法貼近秦王進行肉搏了，秦王的長劍一出手，立刻砍傷荊軻的左腿，荊軻癱倒在地，仍不放棄使出搏命的一擊，奮力將匕首擲向秦王，可惜不中！荊軻知道大勢已去，恣意縱聲狂笑：「我

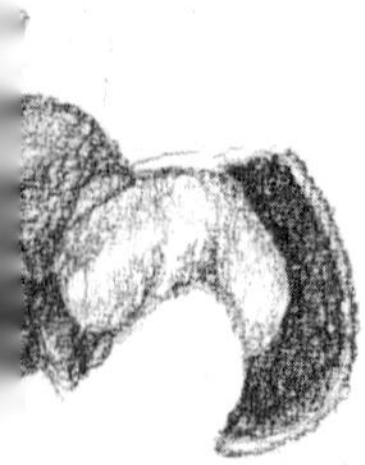

之所以沒殺你，是想留個活口，以逼你立約，報答太子。」

荊軻身死，燕國覆滅。歷史如何看待荊軻？《史記・刺客列傳》將其定位為俠義英雄，千古烈士；後人又飾以綿延的悲情，正如陶淵明所言：「其人雖已歿，千載有餘情。」

「士為知己者亡」，為了感謝太子丹的知遇之恩，樊於期獻出了生命，荊軻則是冒死詐降，深入虎穴；跟隨其後的秦舞陽本是一介好漢，目光灼灼，氣宇軒昂，十三歲就因復仇而殺人。但他把持不定，竟在秦廷出窘，成了行刺過程中的一大敗筆。

行事縝密的荊軻當初並不中意秦舞陽。「此人有勇無謀，難成其事。」荊軻一再向太子丹表示，足以信賴的友人將至，可以共謀大事。但是，太子丹過於躁進，荊軻的等，太子的急，演變成荊軻推託敷衍，不敢付諸行動；為了消泯太子的疑慮，荊軻決定攜同秦舞陽出發，於是乃有「風蕭蕭兮易水寒，壯士一去兮不復還」的淒涼悲壯。至於荊軻所矚意，卻因路遙而失約的那位友人，史料中並無詳載。後世推論，若是由他取代秦舞陽，而助荊軻一臂之力，秦王或許難逃一死，歷史便將改寫，「他」才是扭轉乾坤的關鍵人物！

歷經這番生死，嬴政呆坐了許久，望著殿堂上的血跡不發一語，腦海中迴盪著千百個念頭：一統天下的霸業，防不勝防的暗殺，何是？何非？

之後的數年間，秦王又遇兩次行刺。荊軻的好友高漸離，以高超絕倫的擊筑技巧，誘使秦王的召見，此時秦國已經完成統一大業，秦王惜才暫赦其罪，但弄瞎了他的眼睛。高漸離卻在筑中裝放鉛塊，對著秦王一擲，如同荊軻投擲匕首般依舊不中！而劉邦的謀士張良，也收買刺客在博浪沙行刺未遂。嬴政於西元前二二一年完成天下大一統，平息了六國之間的紛擾征戰，從此集權中央，「書同文、車同軌」，建立千秋霸業，他是中國歷史上的第一位皇帝；至於功與過，則待後人持續評論未休。

秦朝時期

步步驚心的李斯

李斯規畫「書同文，車同軌」的局面，有助於秦始皇大一統霸業的完成。

「孩子，我們還有機會馳騁草原，獵鷹逐兔嗎？」李斯回頭說道。看見兒子雙手被縛，淚流不止，李斯心痛如絞，仰頭長嘆，思緒飄向天際，回想起飛黃騰達的時節……。

李斯是楚國上蔡人，年輕時跟隨荀子學習治國之道。此時楚國國勢漸衰，李斯自覺懷才不遇，便轉往秦國發展。

李斯拜見秦國的丞相呂不韋，暢談富強之道，呂不韋便引見李斯，成為秦王嬴政的客卿。

秦王急欲殲滅六國，一統天下。李斯提出許多論述，和秦王相談甚歡；但是，當李斯的同學韓非也到秦國尋求發展時，李斯卻陰狠的害死韓非，以免秦王重用韓非而冷落了自己。

本以為可以大展鴻圖，但因為秦王發現前來效命的各國客卿中，竟然出現鄭國的奸細，於是下令驅逐客卿，李斯也被名列其中。

「泰山不讓土壤，故能成其大；河海不擇細流，故能就其深；王者不卻眾庶，故能明其德。」李斯以生動犀利的文筆，寫出〈諫逐客書〉，改變了秦王的心意，李斯不僅恢復官職，而且受到重用。二十年後（西元前二二一年）秦王嬴政統一天下，自稱皇帝，李斯官拜丞相，位高權重無人能及。

「朕富有四海，但六國遺民始終蠢蠢欲動，朕極難心安。」秦始皇憂心不已。「陛下，富國要靠武力，安邦則賴制度，若有人總以個人觀點，批評國家的政令，甚至詆毀皇帝和朝廷，這樣不僅折損了君主的威勢，還造成國家的不安。」李斯侃侃而談。秦始皇垂首沉思，問李斯該當如何。「聖上若要無憂，只有一個字：殺！」於是，秦始皇下令焚書坑儒，除了醫藥、占卜和種植之外，古籍遭到空前浩劫，士人思想受到箝制，人民身處於恐怖統治，戰戰兢兢，動輒得咎，李斯卻因此步步高陞。

李斯的長子李由官拜郡守，其他兒子們娶的都是秦國的公主，女兒們也都嫁入皇室。有一次，李由返鄉探親，李斯設宴相迎，朝廷裡的官員聞風而來，紛紛向李由請安，李斯府前停了數千輛馬車，甚至途為之塞，李家的風光令人稱羨不已。

始皇三十七年（西元前二一〇年），秦始皇崩於東巡途中，此時只有小兒子胡亥跟在身邊，以及宦官趙高和李斯隨侍左右。

「朕體力不支，快召扶蘇回京，準備接替王位。」秦始皇病重之際，曾寫了書信給長子扶蘇。可惜使者還沒將信送達，秦始皇就撒手人寰。這時遺詔和皇帝的印璽，全都落在趙高手裡。

「丞相，先皇猝逝，為了穩定軍心，可否暫不發喪？」趙高試探李斯的想法。

李斯靜默不語，若有所思。趙高又說：「先皇二十多個兒子，各有所長；扶蘇當今雖在北疆監軍，一旦返抵咸陽，必定有所圖謀。日後這朝廷內外，豈有你我效力之處？」「你的意思是……」「事不宜遲，你我二人改立胡亥為太子，再將扶蘇賜死。」「這是假傳聖旨，該當何罪？」李斯聞言大驚。「丞相！此事僅有你我二人知曉，胡亥是個糊塗蟲，在你我的操控下當了皇帝，他豈會洩漏祕密？」趙高將密謀策劃得天衣無縫。

於是，扶蘇自殺，胡亥即位，是為二世皇帝。趙高當上郎中令，執掌國家大權，和李斯狼狽為奸。胡亥昏庸殘暴，將自己十多個兄弟和數名姊妹斬首，並將他們的家人株連下獄。他還大言不慚的詢問趙高：「朕想要為所欲為的享樂，該當如何？」

「陛下如能加重刑罰，自可高枕無憂！」趙高回答。於是秦國的法令日益嚴苛，賦稅越來越重，弄得人人自危，惶惶難以度日。

這時，想要謀反的人乾脆冒死起義，郡守李由阻擋不了亂民，胡亥便把一腔怒氣轉嫁到李斯頭上。李斯害怕失去權勢富貴，只好迎合胡亥，鼓勵他胡作非為。「陛下以專制馭民，人人懼怕而不敢犯法，陛下便可盡情享樂；實不必像堯、舜一般憂國憂民，勞苦奔波，無異於奴隸，又豈有帝王的尊貴！」「說得好！朕正有此意。」胡亥聞言大喜，每天下令處決人犯。當時，路上的行人有一半都進過監獄，街上被梟首示眾的屍體成堆，秦國宛如是人間煉獄。

胡亥自登基以來，便置身內宮不理朝政，趙高總攬大權，大臣根本見不著皇帝。可是，趙高擔心自己無才無德，終有一天會被李斯剷除，便在胡亥面前編造李斯父子的罪狀，胡亥不疑有他，立刻下令將李斯打入大牢。

李斯在獄中受盡酷刑，只好含冤招認謀反。但他總以為，自己曾對二世皇帝有輔佐之功，希望有朝一日能重返朝廷，所以他不肯自盡。李斯以鞭辟入裏的文筆，將自己的委屈寫於紙上，希望皇帝能明鑑功過，還他清白。

可惜這封信根本到不了胡亥的手中，就被趙高攔截了。「哼！一個死囚也配上書給聖上？」在趙高的拷打逼供下，李斯俯首認罪，被判腰斬，株連三族，時為秦二世在位的第二年（西元前二〇八年）。不及一年之內，趙高便害死胡亥，大模大樣的坐上龍椅。

一陣天搖地動，讓趙高連試了三次，都無法安然的坐在龍椅上。「也罷！既是天意使然，我便改立他人，仍可掌控大權。」趙高迎立子嬰，不久子嬰殺了趙高，子嬰再向劉邦投降，秦國徹底覆滅。

李斯學富五車，將戰國時代分歧的「言語異聲，文字異形」，規畫為「書同文，車同軌」的局面，有助於秦始皇大一統霸業的完成。他所創的秦篆（小篆）字體，對日後的漢字規模有極大的影響。文學家魯迅稱讚李斯是先秦了不起的學者，只可惜他戀棧權勢而葬送了自己，實為後世之鑑。

秦朝時期

「亡秦者胡」的應驗——胡亥

胡亥的昏庸加上趙高的殘酷，導致百姓起義反抗，加速秦朝滅亡。

西元前二二一年，秦始皇統一中國，結束了戰國七雄諸侯割據，長期征戰不休的局面，天下蒼生大都有一種脫離苦海，重獲太平之感。加上秦始皇推行重農抑商的政策，農業操作生生不息，提高了人民的生活保障，秦始皇應該可以得到萬民擁戴。

秦始皇又建立起中央集權的政府機構，採取一些有利於國家統一和政權鞏固的措施，使得「書同文，車同軌」。無怪乎秦始皇意氣飛揚的表示：「朕的天下將廣披四海，朕的王位將萬世不朽。」可是，秦始皇是一個專制殘暴的君主。他毫無限制的使用民力、物力，超過了當時人民所能負荷的極限。秦始皇時期全國人口約兩千萬，被朝廷徵召去修建宮殿、陵墓，興築長城和馳道的成年男子，就有二百多萬人，幾乎占總人口數的十分之一。如此嚴重的影響了農業生產，以致於百姓難以溫飽，民間妻離子散的悲劇頻傳，秦始皇卻不為所動。

為了修建這些大型工程，滿足秦始皇個人奢侈的生活所需，人民負擔沉重的賦稅，以致於造成「男子力耕不足糧餉，女子力織不足衣裳」的慘況，飢寒交迫更是常態。

秦始皇還迷信法家「輕罪重罰」的理論，制定了嚴苛的法律，人民動輒得咎，被處以刑罰的罪犯數量驚人。例如：修建阿房宮和驪山陵墓，所徵調的犯人和奴產子（奴隸所生的兒子）人數，竟然高達七十萬，這批人鎮日做牛做馬，簡直是生不如死。

或許秦始皇感受到六國遺民終將謀反的威脅，為了鞏固統治，他採取以刑殺威懾人民的做法，對輕微的犯行卻判處很重的罪罰。所謂「偶語詩書者棄市，以古非今者族。」正是形容秦朝苛法多如牛毛，人民無所適從的恐怖；連交頭接耳的談論詩書古籍，都會被認為是意圖謀反而斬首。這種膽顫心驚的畏懼，其實只會加速暴秦的滅亡，難以長治久安；再加上繼位的二世皇帝胡作非為，「亡秦者胡」竟不遠矣。

秦始皇的長子扶蘇個性質樸，因為經常勸諫而難得父寵，被派往邊境監軍。排行十八的幼子胡亥任性胡鬧，秦始皇把他留在宮中管教，日後王位終究是傳給扶蘇，胡亥的所為不足掛慮；可是，四方不時出現異象，天意示警的圖象時有所聞。

「快說！這圖讖上所寫為何？」秦始皇怒目而視，大臣哆嗦著回答：「從字跡隱約可以看到寫的是『亡秦者胡』……」「胡說！朕的武功蓋世，功業超越三皇、五帝，有誰敢亡我大秦？」「陛下說的是！圖讖不過是無稽之談，根本不足採信。」大臣只好敷衍應對。

秦始皇事後仔細思量，「亡秦者胡」這四個字似乎透露著詭異。「難道是指北邊的胡人匈奴嗎？如此則不可不防！」於是，秦始皇下令，指派大將軍蒙恬鎮守北疆，一邊鞏固邊防，一邊將戰國時代燕、趙、秦三國的長城加以修築連貫。「有了長城的屏障，匈奴無法南侵，我大秦將千秋萬世！」秦始皇自豪的以為，而這就是歷史上著名的「萬里長城」。

秦始皇卻萬萬沒有想到，自己竟然在西元前二一〇年東巡的途中，暴斃於沙丘，遺囑立太子扶蘇繼位。

當時隨侍在秦始皇身邊的，是丞相李斯和侍臣趙高，他倆故意隱瞞真相，私下密商：「扶蘇一向和我們不合，假如繼承皇位，一定隨著蒙恬的大軍班師回朝，這對我們可是大大的不利啊！」「沒錯，不如改立胡亥繼位，使他不得不聽令於你我。」於是，李、趙二人偽造了遺詔，立胡亥為帝，並且賜令扶蘇自盡。扶蘇不敢不從而死，蒙恬和弟弟蒙毅也先後被殺，從此朝廷便由奸宦當道。

當了皇帝的胡亥，比秦始皇更為暴虐，他殘殺兄弟姊妹數十人，株連家族不計其數。胡亥昏庸無能，對國家沒有任何建樹；加上寵信趙高，趙高愈益專擅，他在殘害李斯之後，竟大刺刺的進言：「天子之所以尊貴，應該讓大臣只聞其聲，而不見其面，這樣才能保持天子的神祕，使臣民有所畏懼。」「說得好！朕正有此意。」從此，胡亥不再過問政務，完全由趙高一手操控，「指鹿為馬」的行徑，正足以說明趙高的囂張。

胡亥的昏庸加之以趙高的殘酷，導致百姓一次次起義反抗，其中最大的兩股勢力，就是項羽和劉邦。直到西元前二〇七年，一群義軍攻入鉅鹿，胡亥被迫自殺。

胡亥在位三年，加速了秦朝的滅亡，劉邦建立漢朝取而代之。看來「亡秦者胡」中的「胡」字，所指的竟然是秦始皇的兒子胡亥，秦始皇一定始料未及！

漢朝時期

「力拔山兮氣蓋世」——項羽

項羽在戰場上的威風無人能及，堪稱是百戰百勝，所向披靡。

西元前二〇七年，項羽率軍數萬，和秦軍三十萬眾大戰於鉅鹿，項羽下令鑿破船隻，砸毀鍋具，以「破釜沉舟」的堅決，誓言非勝不返。

項羽的這番決心，果然贏得九戰九勝的光榮，此後他成為「諸侯上將軍」，領軍四十萬眾，儼然已是反秦大軍的領袖。當他率軍進入轅門時，各方諸侯將領全都嚇得跪地膝行，不敢抬頭仰望項羽的威儀。

鉅鹿之戰表現出項羽宏大的氣魄和膽識，是他軍事生涯中最光彩的一頁。之後他續奪彭城，拔滎陽，戰成皋，一路殺向咸陽城。可是，當他聽說劉邦已經先入關中時，項羽對這個出身平民的亭長嗤之以鼻：「哼！我已揚威鉅鹿，豈容得劉邦這廝稱王！」

項羽接下來的作法讓人心寒，他命人在一夜之間，活埋了秦國的降兵二十萬人，然後進入函谷關，屯兵在新豐鴻門，和劉邦相距四十里之遙。

此時，屯軍霸上的劉邦，雖然領兵不足十萬，卻是軍紀嚴明，從不擾民，而且與民「約法三章」，讓飽受秦國苛法屠戮的民眾欣喜若狂；而項羽大失民心，讓他逐鹿天下的霸業蒙上陰影。

項羽本名籍，出生在西元前二三二年，是戰國七雄中的楚國後裔。他的儀表堂堂，力可舉鼎，身高將近一百九十公分，最特別的是他目有雙瞳，唯有上古時代的賢君舜，擁有此項紀錄。

少年時期的項羽，看到秦始皇東巡時的威風，便意氣飛揚的發出豪語：「我可以取而代之。」他的叔父項梁驚惶失措，急道：「快住口，這可是殺頭的罪呀！」卻也看出項羽的雄心壯志。

秦始皇崩殂後，昏庸的二世皇帝治國無方，六國遺民紛起抗秦，其中最強的兩股勢力，便是項羽和劉邦。

劉邦出身寒微，卻能知人善任，麾下已有韓信、樊噲、英布、張良等人追隨。「這劉邦深謀遠慮，不容小覷，應速除之。」謀臣范增的建議，讓項羽決定在鴻門設宴款待劉邦。席間范增不斷示意項羽動手，但因劉邦執事恭謹，又備有厚禮相贈，項羽遲遲不肯下令。

項羽優柔寡斷，終使他錯失良機，即使部將項莊在席間舞劍助興，心中暗自盤算：「這劍尖早已對準劉邦，只待一聲令下，劉邦難逃一死。」項莊終究得不到項羽的一聲令下！而劉邦則是藉機遠遁。「鴻門宴」的驚險，披露出劉邦刁鑽狡猾的一面，卻也註定了劉邦日後的稱霸。

鴻門一會，項羽自封為「西楚霸王」。范增痛批項羽：「如此良機不再，大王終難成就霸業！」項羽惱羞成怒，在秦國的舊都咸陽城裡燒殺搶掠，所到之處無不殘破，更造成哀鴻遍野的慘況。項羽的作為折損了他的英雄氣概，讓「大旱之望雲霓」的民眾大失所望。正如韓信對項羽所評：「名為霸王，卻是遇強則霸的匹夫之勇，遇弱則憐的婦人之仁！」

項羽在戰場上的威風無人能及，堪稱是百戰百勝，所向披靡；從西元前二〇六年和劉邦相爭以來，漢王劉邦的軍隊已經折損了二十萬。但是，劉邦的謀臣勇士甚多，軍師張良更策劃了一連串的戰略，分化項羽的部眾，阻斷後方的補給，讓項羽的處境日益艱困。

三年後，雙方約定以鴻溝為界，東歸楚，西歸漢。「楚河漢界既定，我們互不相擾。」項羽如此認定。

不料劉邦背信，出兵進攻，在陳平、韓信的效命下，項羽敗亡；陳、韓兩人過去曾是項羽的部下，因不得重用而投靠劉邦，項羽被批是：「用兵趕盡殺絕，卻不任用賢能將帥。」他缺乏識人之明，確實是一大失誤。

項羽的另一項缺點是浮躁易怒，他對批評者毫不留情的殺戮，例如：韓生譏諷他是「沐猴而冠」，他立刻將其烹之。他的心態只在於建業稱雄，卻不圖長治久安。他不理會韓生的建議長駐關中，卻打算返回故鄉，所持理由竟是：「富貴而不歸故里，猶如錦衣夜行，誰人知曉？」項羽捨棄了兵家必爭之地的關中，目的只為了回家炫耀。果真是「百戰疲勞壯士衰，中原一敗勢難回。」

劉邦的軍隊勢如破竹，對項羽步步進逼，項羽雖處劣勢，依然豪情萬千。「十萬忠貞部隊始終相隨，我又何足懼哉！」可是，當他們困守在垓下時，人困馬乏而無外援，耳聞層層包圍的漢軍營中高唱楚歌，將士們憶及過往，遙望家鄉不知何在，不由得潸然淚下失了鬥志。項羽也為之英雄氣短，感慨嘆曰：「力拔山兮氣蓋世，時不利兮騅不逝。騅不逝兮可奈何，虞兮虞兮奈若何？」一旁的虞姬也唱和道：「漢兵已略地，四面楚歌聲。大王意氣盡，賤妾何聊生！」於是揮劍自刎，留下美人為英雄殉情的故事。

項羽垂死掙扎，帶領最後的八百人衝鋒陷陣，最後僅餘二十六人，來到烏江江邊。「小人早已備妥船渡，願送大王重返故里。」烏江亭長期望項羽日後還能重振旗鼓，再創霸業。可是，項羽萬念俱灰，拒絕了這番美意。「想我當年親率八千子弟渡河西進，如今僅我一人歸返，卻是無顏面見江東父老！」項羽衝入漢軍營中進行肉搏戰，身受重傷不願束手就擒，自刎結束三十一歲的生命，悲劇英雄的形象。

漢朝時期

西漢的「文景之治」

漢文帝與漢景帝統治的時期，被史學家稱為「文景之治」，也是漢朝第一個盛世。

對於長安城的老百姓來說，「苛政猛於虎」的時代終於過去了，只有從老一輩長者的口中，得知前朝秦始皇統治時期「偶語詩書者棄市」的情況。

「天哪！只不過說幾句悄悄話就算犯法，真是太恐怖了！」「唉！你們年輕人有所不知，秦朝法令多如牛毛，大家每天戰戰兢兢，深恐受罰；所以，幾個人交頭接耳的竊竊私語，竟然被當成是密謀造反，還被處以極刑，甚至斬首示眾，這正是殺雞儆猴的目的。」

眾人聽後，慶幸秦朝只維持十五年，如今已經是大漢王朝的太平盛世（漢高祖劉邦在西元前二〇二年稱帝建國），此時正是漢文帝當政期間（西元前一八〇——一五七年），他一改前朝法家嚴刑重罰，而以道家無為而治、與民休養生息的方式治國，開啟了「文景之治」的盛世，並為雄才大略的漢武帝，奠定堅實的基礎，大漢雄風足以和羅馬帝國東西輝映。

漢文帝劉恆是高祖的庶出之子，母親薄姬在後宮本來不被重視，在一次偶然的機會裡，懷了漢高祖的孩子，就是劉恆，日後被封在偏遠的邊境為「代王」。當時因為高祖的皇后呂雉天性陰狠，薄姬母子凡事低調謹慎，反而幸運躲過了呂后的迫害。

劉邦死後，呂后大權在握，先是擁立自己的兒子劉盈即位為惠帝，再對劉氏家族展開血腥鬥爭。惠帝的個性柔弱，完全受控於母親，不僅在政治上難以振作，連婚姻大事也由呂后全權做主。「母后三思，兒臣如何能迎娶魯元公主之女？她是朕的外甥女啊！」「不必多言！魯元公主是皇上的親姊姊，皇上若以姊姊之女為后，正是親上加親的美事一樁。」呂后故意安排近親聯姻，就是為了斷絕惠帝的後代，讓大漢天子承繼無人，她才能出手篡奪政權。果然，惠帝婚後並無子嗣，病逝後又由呂后做主，暫時迎立少帝繼位。

少帝年幼，又因母親僅是一名宮女，更缺乏天子威儀，讓呂氏家族乘機崛起，外戚奪權成為漢初亂象，直到呂后去世才終結。

西元前一八〇年，代王劉恆在朝廷老臣和劉氏宗族的擁立下即位，是為漢文帝。

漢文帝即位前，遠離了權力中心長安，反而讓他深刻體認民情世態，知道百姓畏懼嚴苛刑罰和對外戰爭。所以，他以人道精神治國，宣布和長城外的匈奴締結盟約，雙方只做防禦而不相犯，確保社會安定、民生和樂。

漢文帝說：「刑罰是為了禁惡導善，而非殺戮凌虐，朕將廢除肉刑、誹謗罪及連坐法，以求長治久安。」「陛下聖明，肉刑使人犯肢體終生傷殘，極不人道；連坐法使一人犯罪全家受罰，更是暴虐之至，如能廢止，必定四海稱慶。」

「正是如此。朕為了廣開言路，招賢納善，廢除誹謗罪，使大臣能知無不言，言無不盡，朝廷由上到下都能端正過失，與民謀福。」漢文帝語重心長表示。

漢文帝的興革奏效，在和諧融洽的氛圍環境中，大臣和民眾都受到激勵，果然各盡其職，造成一片繁榮的景象；至於文帝的生活則是非常簡樸，他在位二十三年間，宮裡服侍的宮女不過十數人，馬匹不過百，庭園宮室也不曾增加。有一次，漢文帝本來打算要修建露台，一聽說要花費黃金百斤，立即下令取消。漢文帝這種謙虛仁愛，儉樸自制的精神，可說是亙古難見的典範。

漢文帝生性節儉，處處以天下蒼生為念，自然痛恨貪官污吏，這些人貪得了不當之財，卻不能服務於民，本該嚴刑論處；但是對一時犯了貪念的官員，漢文帝卻另有一套處置方式。「朕由國庫中取財，讓你們暫用度過難關，相信日後你們一定能知所進退，不再獲取非分之物。」原來，漢文帝是以出借錢財的方式取代處罰，讓犯錯的大臣能自覺羞愧而反省改過，終生不再犯錯。這種以德服人的方式果然贏得內外昇平，造就出一番榮景。

漢文帝即位的第二年，朝臣欲立太子，但文帝以叔父、兄弟皆是才德兼備為由，拒絕以自己的兒子為太子，這種無私的做法，當然更得到朝野敬重；不過，皇位的正統是國家根本大計，文帝死後，素有好評的劉啟繼位，他就是漢景帝（西元前一五七—一四一）。

景帝剛即位，便依大臣的建議進行削藩，削減宗室諸侯的勢力。沒想到，卻引發諸王不滿，那些早就想造反的諸侯們，以「清君側」為藉口，想要奪取皇位，其中以吳王劉濞、楚王劉戊為首開始叛亂，史稱「七國之亂」。

幸好漢文帝遺留的忠臣——周亞夫用兵有方，前後不過三個月，便將亂事平定。平亂之後，漢景帝專心打理朝政，持續前朝樸素的政風，並且仁厚愛民。

縱觀漢景帝在位的十六年間，除了那一場「七國之亂」的內亂外，朝廷從來沒有發生過黨爭，邊境的匈奴也不曾大舉進犯，朝廷還減少了賦稅，興修水利，減輕刑罰，要求對疑點重重，難以服眾的案子進行重審，以免造成冤獄。

漢景帝如此勤政愛民的作為，讓老百姓累積了大量的財富，社會益發的富裕及繁榮，大家都豐衣足食，人人安居樂業。因此，漢文帝與漢景帝統治的時期，被史學家稱為「文景之治」，也是漢朝第一個盛世；史學家甚至打趣的表示，如此的太平盛世，難怪連大陸陝西省「景帝漢陽陵」墓穴裡，出土的陶俑幾乎都是面帶笑容，而被稱為「微笑彩俑」呢！和秦朝嚴肅的兵馬俑相比，可真是大異其趣啊！

北伐雙雄——衛青和霍去病

衛青出兵征討，北疆鞏固，匈奴再也不能威脅漢廷。霍去病統率萬騎出師隴西，獲得大捷，聲望日隆。

無垠的沙漠，以及無法抗拒的乾熱，讓人心亂如沸，不知未來如何，卻得強打起精神。因為，大敵當前，戰爭即將開始。

楚漢相爭歷時四年，劉邦初登帝位建立漢朝，外族匈奴的氣焰高漲；直到漢武帝即位以後，決定採取征討的強硬態度，迫使匈奴就範。其中最重要的兩員大將，就是衛青和霍去病。

衛青出身寒微，他的母親在鄉村務農，嫁給同村的衛氏，生了一男三女，因為丈夫早逝，只好到平陽公主府中充當婢女。後來又嫁給府裡的長工鄭氏，生的兒子就是衛青，此時他遵從父姓為鄭青。

衛青自幼和母親分離，跟隨生父回到鄭家。但是，鄭家看不起衛青的生母，對他百般凌虐。「我必須堅強的活下去！」衛青自我砥礪。他在父親亡故後重回公主府，終於和母親團聚了。

「孩子，多年不見，你都長得這麼高，也該自食其力了，我去懇求公主，賞賜你一份工作。」母親邊說邊拭淚。於是，衛青成了為公主馭馬的車伕，並改姓衛。

衛青雖為車伕，實質上的工作還包括照顧馬匹、保養車駕，不過他不以為苦。「我從小吃的苦頭夠多了，如今這區區辛勞何足掛齒！況且，我可以和母親及姊姊同在府中，這種日子已經太好了。」衛青覺得心滿意足，閒時便閱讀兵法書籍。他的三姊衛子夫容貌嬌豔，便在府裡充當歌伎。

有一次，漢武帝到公主府中作客，對衛子夫十分中意，衛子夫隨後入宮，深受皇帝的寵愛；不過，宮闈內鬥陰狠，皇后的娘家意圖謀害衛青，還好他機警的逃脫，此後便在漢武帝內廷擔任大夫的官職。

漢武帝是個雄才大略的君主，他一改漢初的「和親」政策，準備積極經營西域，其中最強悍的對手，便是匈奴。「高祖皇帝被匈奴圍困於平城七日，此乃大漢恥辱，朕焉能不雪！」漢武帝所言，是指漢高祖劉邦在西元前二〇〇年的一次慘敗。其後漢朝一直以財物的賜予，換取邊境的安寧。高祖死後，匈奴的首領冒頓單于，竟然出言不遜，要求高祖的遺孀呂后聯姻：「你我皆為鰥寡，寂寞難耐，何不相結以好？」呂后聞言大怒，卻不敢與單于決裂，還得忍辱卑辭回應。

漢武帝先是派張騫出使西域，但因張騫途中遭匈奴扣留，始終未能返回朝廷。這時，漢武帝決心討伐匈奴，正在思量由誰擔當領軍的將領。「陛下，何不讓臣妾的兄弟一試？」衛子夫向皇帝推薦衛青。於是，衛青在漢武帝元光五年（西元前一三〇年），以「車騎將軍」的身分突襲匈奴，獲得空前勝利。

數年後，衛子夫誕育皇子成為皇后，衛青因此更受武帝倚重。元朔二年（西元前一二七年）再次遠征，擄獲匈奴數千人，牲畜數十萬隻，武帝聞之大喜：「好個衛青，果然不負眾望，朕將予以重賞。」接續的幾年之間，衛青不斷出兵征討，都能大獲全勝，北疆鞏固，匈奴再也不能威脅漢廷。

遠使西域的張騫，也在歷經十三年的磨難之後，終於返回朝廷覆命。雖然已是塵滿面，鬢如霜，但張騫的豪情不減當年。這一次，張騫隨著衛青率軍遠征，衛青更多了幾分把握。「大人久居漠北，深知其中一、二，必能使將士不受飢渴之苦，吾等感佩不已。」衛青誠懇的說道。「將軍言重了！你我肝膽相照，戮力為國，以報皇上聖恩，怎敢居功自恃。」張騫和衛青英雄惜英雄。此番出征，還造就出另一位英雄，那就是霍去病。

霍去病的母親是衛青的二姊，如今舅舅衛青屢建戰功，姨母衛子夫又貴為皇后，所以他十八歲就做了侍中，跟隨在皇帝左右。「去病這孩子年紀雖輕，志氣卻高，我想讓他隨軍出征，歷練他的膽識。」

「我聽說他的武功不弱，善長騎射，若能投效朝廷，終是我衛家的榮光。」衛青姊弟們商議著。於是，就在漢武帝元狩二年（西元前一二一年），霍去病統率萬騎出師隴西，獲得大捷；之後又深入敵營大破匈奴，匈奴首領親率四萬多人降漢，霍去病被封為「冠軍侯」和「驃騎將軍」，聲望日隆，足可以獨當一面以應戰。

霍去病沉默寡言，即使面聖時也不多言。有一次，漢武帝興致勃勃的和他討論孫子兵法，沒想到霍去病只是輕描淡寫的說道：「微臣並未鑽研孫子兵法，只知用兵在於因時制宜，出奇制勝。」霍去病這種功成不居的態度，更得皇帝恩寵；於是，漢武帝賞賜了豪宅巨邸，霍去病不見喜色，平靜的回答：「謝主隆恩！但匈奴未滅，無以家為也。」霍去病在元狩六年病逝（西元前一一七年），年僅二十四。漢武帝發動降漢的匈奴士兵，列隊為其發喪，又仿照祁連山的形勢為他修築陵墓。

至於霍去病的舅舅衛青，境遇更是不凡。平陽公主的第一任丈夫曹壽，是漢初名臣曹參的後代，因為身染惡疾而與公主離異。此時衛青名滿天下，公主便改嫁衛青，兩人由主僕變成夫婦，一時間傳為美談。衛青在元封五年（西元前一〇六年）去世，墓塚和霍去病相鄰，都在漢武帝「茂陵」的東北方，二十年後武帝崩逝，君臣便於地下長相左右。

漢朝時期

和番公主——細君和解憂

犧牲個人幸福，一生飽受命運的擺布，卻為兩國帶來和平，淒美的故事將永遠流傳。

陣陣駝鈴聲迴盪在杳無人煙的荒漠裡，路彷彿永遠也沒有盡頭，細君公主頻頻回首遠望，長安城早已遠在天邊，忍不住眼淚汨汨而下，無奈的繼續邁向不可知的未來。

新疆和蔥嶺以西的地方被稱為「西域」，其間多國林立，又以匈奴最是強悍。秦始皇連接了戰國時期燕、趙、秦所修的長城，屯駐重兵，作為抵禦匈奴的國防前線；可是，到了漢高祖劉邦的時代，限於王朝新立，無力征伐，改採「和親」政策，換取雙方和平。

漢朝歷經了「文景之治」的盛世，累積了充足的國力，漢武帝決定對匈奴展開征討，經衛青、霍去病等將領幾次強力征伐，匈奴已經無復當年猖狂；同時，漢武帝也決定聯合西域其他諸國共同夾擊匈奴，勢力強大的烏孫國，正是漢朝積極爭取的對象。

烏孫是匈奴的世仇，不僅居住地屢遭威逼，雙方也多次發生衝突，這次能和大漢結為兄弟之邦，自然欣然同意。而漢武帝為了表現誠意，決定以江都王的女兒細君公主遠嫁異域。

細君公主遠離家鄉和親人，心裡有說不出的悲傷。漢武帝元封六年（西元前一〇五年），她嫁給烏孫國王昆莫，被封為「右夫人」；因為昆莫不敢得罪匈奴，所以也娶了一位匈奴公主為妻，她被封為「左夫人」。

「我不喜歡這兒的食物，不習慣這裡的氣候，……」自幼長在深閨，錦衣玉食的細君公主經常抱怨。至於那位「左夫人」，或許不如細君美麗聰明，但擅於放牧牛羊，似乎更能得到昆莫的寵愛。細君公主寂寞度日，她整天抱著琵琶訴說思鄉之情：「吾家嫁我兮天一方，遠托異國兮烏孫王，穹廬為室兮旃為牆，以肉為食兮酪為漿，居常土思兮心內傷，願為黃鵠兮歸故鄉。」

兩年後，昆莫一病不起，因為他的兒子早逝，便由孫子岑陬繼承王位，還包括前任首領昆莫的所有妻妾。「什麼？要我改嫁給岑陬？這是多荒謬的事？我不能接受。」細君公主一路哭喊著奔回帳內，決定上書給漢武帝，請求皇帝裁示。「公主殿下，聖上說公主既在其國，就要從其俗，公主您只好委屈自己了。」細君公主得知消息後悲傷難抑，只能順從命運的安排，嫁給岑陬，還生了一個女兒，可是心情鬱悶，不久便病逝了。

細君死後，岑陬再次向漢朝請嫁公主。這一次，漢武帝選派了楚王劉戊的女兒下嫁，號「解憂公主」，在太初年間（約西元前一〇二年）前往烏孫。

解憂公主和一位來自匈奴的公主同時下嫁，匈奴公主生有一子泥靡，解憂公主卻未生育。不久岑陬病逝，由於泥靡年幼，便由岑陬的弟弟翁歸靡繼位，解憂公主仍得依照習俗改嫁翁歸靡。翁歸靡體態壯碩，人稱「肥王」，解憂公主新婚時對他頗為畏懼，但相處一段時日後，發現肥王個性溫和，善體人意，從此公主和肥王十分恩愛，解憂公主還為肥王生下元貴靡、萬年、大樂三位皇子。「呵呵！你說了就算，都聽你的。」肥王對公主幾乎是言聽計從，和漢廷的關係自然友好。

解憂公主有一位很能幹的婢女馮嫽，她有特殊的語言天才，通曉西域多國語文，她嫁給烏孫國裡位高權重的右將軍，被尊稱為「馮夫人」，和解憂公主兩人一起致力於維持烏孫和漢朝的友好外交，並不時的向其他各國宣揚大漢國威，穩定了西域的局勢。

不過，匈奴仍是烏孫最大的威脅，匈奴首領派來使者，提出蠻橫的要求：「把解憂公主交給我們，讓她和首領單于完婚。」「放肆！」解憂公主和肥王憤恨難平，只好通知漢朝朝廷，皇帝立刻派遣軍隊支援烏孫，一起圍剿匈奴，匈奴被打得落荒而逃，無力騷擾邊境。

可惜好景不常，肥王去世，王位由岑陬的兒子，也就是匈奴公主所生的泥靡繼承，解憂公主立即受到冷落。更可怕的是這個泥靡的個性殘暴，治理烏孫亂無章法，導致國內政局不穩，還被人民諷刺為「狂王」。

解憂公主憂心忡忡，卻得依照習俗嫁給這個「狂王」，還為他生了一個兒子。殘酷的命運讓解憂公主惆悵滿懷，更壞的消息傳來，狂王嗜殺成性，已在皇族中引起一片討伐之聲。

「現在我們身處險境，看來必須通知漢廷，懇請聖上為我們做主。」解憂公主和馮夫人密會商討。經過漢朝的軍事干預，再加上馮夫人居中協調，暫時穩定了烏孫的形勢，由解憂公主和匈奴公主為「肥王」所生的兩個兒子，分別治理烏孫的部分區域，雙方相安共處，使百姓暫免征戰之苦。

光陰荏苒，解憂公主在西域已經生活超過五十年了，她的兒子相繼病逝，而烏孫情勢又起波瀾，匈奴再度成為烏孫重大的威脅，讓公主不勝唏噓。

「我老了！真的沒有心力再奮鬥了。不知聖上是否願意體諒，讓我在遲暮之年重返中原？」漢宣帝甘露三年（西元前五〇年），年過七十的解憂公主終於返回長安，皇帝派出盛大的迎接隊伍，為公主準備了華麗的宅邸。解憂公主於次年病逝，終於完成她「年老思故鄉，願得骸骨歸漢地」的心願。

解憂公主是歷史上難得一見生還故里的和番公主，她為大漢和烏孫貢獻出青春，犧牲了個人幸福，一生飽受命運的擺布，卻為兩國帶來和平，更促進雙方的文化交流，淒美的故事將永遠流傳……。

漢朝時期

絲綢之路——張騫

張騫出使西域，正式開通當時世界上最長貿易路線：「絲綢之路」，歷史上稱張騫的貢獻為「鑿空」。

狂風掀起漫天黃沙，讓人難以招架，更令人難耐的，是刺目的陽光，士兵們忍著飢渴，揮汗如雨的在戰場上廝殺，不是你死便是我活的殘酷，逼使著每個將士握緊武器，等著最後一擊。這時是西元前五十三年，正是羅馬軍隊力戰安息王國（伊朗高原波斯王國的一部分）的一場征戰。

所向無敵的羅馬大軍，由名將「前三雄」之一的克拉蘇率領，越過阿拉伯半島上的幼發拉底河，在美索不達米亞平原和敵軍一決勝負。

此時不論戰略或是形勢，羅馬大軍都獲得絕佳的優勢；可是，就在兩軍激戰的當下，安息士兵突然揮舞著無數面用絲綢所製成的軍旗。

「啊！好亮啊！我的眼睛睜不開了。」「怎麼這麼刺眼啊！我什麼都看不到了。」「天啊！敵人是在使什麼妖法啊？」羅馬士兵們個個都慘叫連連。

原來，這些絲質的軍旗在陽光的照射下顯得鮮豔奪目，光華照人，瞬間讓人眼花撩亂，產生一陣目眩神迷，羅馬大軍似乎失去了意識，又慌了手腳，紛紛潰敗逃散，就連名將克拉蘇也難逃一死。

此役在羅馬政壇引發不小的震撼，也說明原產於中國的絲綢，此時已傳至波斯，成為眾人眼中神祕又昂貴的珍品。

至於絲綢究竟是如何製成的，歐洲人心裡始終充滿著疑惑。希臘著名的哲學家亞里斯多德（西元前三八四—三二二年）曾經明確指出：「絲織品的由來，是一種長著角的『大蛆』所產生的繭，蛆必須經歷幼蟲、蛹和蛾的生長過程。」這是關於絲綢最早且可靠的紀錄，其中先哲所說的「大蛆」就是「蠶」；但是顯然享有「生物學之父」的亞里斯多德並沒有真正見過蠶，因為蠶寶寶根本沒有長角！

直到西元前三三六年，馬其頓的蓋世英雄亞歷山大即位，在十三年間建立起一個地跨歐、亞、非三洲的大帝國，許多新市鎮因而繁榮，中國絲綢便由此西傳，這是最早的「絲路」雛形；但亞歷山大英年早逝，帝國隨之殞落，市鎮衰廢了，道路中斷了，絲綢的生意可能就此終止。

好在偉大的探險家張騫在西元前一三九年出使西域，歷經千辛萬苦，正式開通了當時世界上最長的貿易路線：「絲綢之路」，東西文化交流由此展開，歷史上把張騫的貢獻稱為「鑿空」。

「朕封你為『博望侯』，嘉勉你在西域的經營。」漢武帝欣慰的對張騫表示。

這時是西元前一二六年。

「微臣叩謝皇上恩典！」張騫百感交集，眼淚幾乎奪眶而出。回想當年跟他一同出使的一百多人，如今只剩下甘父一人追隨重返朝廷，這十幾年的艱辛危難，真是盡在不言中！

「絲綢之路」名聲的響亮，便是因為這條路線上最昂貴的貨物就是「絲綢」；而西域的葡萄、苜蓿、石榴等食品，以及二胡、月琴、琵琶等樂器，也藉由文化交流傳入中國。

當中國的絲綢傳入西方之前，羅馬人的衣服材料是羊毛和亞麻製品。

但是當絲綢一傳入，所有人的眼睛都為之一亮：「哇！好輕、好柔啊！」「是啊！色澤鮮麗，簡直是無與倫比。」「不過這價錢可真不便宜啊！」

絲綢的製造過程的確費時耗工，一個蠶繭可以抽出長約九百公尺的絲，所以製成一件衣服，至少需要二千五百個蠶繭。加之以中間商人的層層剝削，不遠千里而來的絲綢確實是一項奢侈品，

但是沒人能抵得過絲綢的誘惑，貴族和富人紛紛傾囊選購，大家荷包失血也在所不惜，卻對羅馬政府造成不小的衝擊。

「堂堂執政官也身穿絲綢，這不是敗壞風氣嗎？」「自己不能以身作則，如何教導民眾儉樸度日？」原來，大家批評的正是羅馬的英雄凱撒，他毫不畏人言的身著絲袍出入公共場合，被認為是掀起奢華風氣。因為，幾乎和黃金等價的絲綢，已經嚴重影響羅馬的經濟，當政者不得不對這股絲綢熱降溫，以免更多的資金流向外地。

隨著時光流逝，羅馬帝國由盛轉衰，終於在西元五世紀被滅，取而代之的是位於東歐的東羅馬帝國，當最著名的君主查士丁尼在位時（西元五二七—五六五年），中國的養蠶取絲法正式傳入東羅馬帝國的首都君士坦丁堡（今日的伊斯坦堡）。

「貧僧曾經旅居中國，得知如何養蠶以及製作絲綢。」一名印度僧人向查士丁尼報告。「那太好了！如果你所言不假，就放手去做，事成之後必有重賞。」查士丁尼十分高興，如果能自製絲綢，就可以擺脫波斯人的壟斷了。於是，有人將蠶繭私藏於拐杖內部，巧妙的運到東羅馬帝國，正式展開養蠶的企業。

根據歷史記載，君士坦丁堡設立了數家蠶絲工廠，僱用大批女工從事絲綢製造，使得東羅馬經濟日益蓬勃；過去受制於人的絲綢生意，現在轉由查士丁尼一手掌控，絲綢獲利之高便不難想見！被視為祖傳祕方的絲綢業，技術外流的速度卻相當緩慢，經營絲織業的商人為了壟斷利潤，絕對不肯將製作過程公諸於世。

直到西元十三世紀「十字軍東征」期間，義大利的國王從東羅馬帝國擄獲了兩千多名絲織廠的工人，才把這個獨門功夫帶到歐洲各地，從此便廣為流傳。

隨著科技發達，古老的絲綢之路已被鐵、公路，甚至航空所取代，僅成為今日的觀光項目。當遊客的足跡重新踏上絲路，應該不只是賞景，而是讚嘆當年經由絲路所完成的文化交流，這正是這條最長貿易路線的偉大貢獻啊！

漢朝時期

東漢才女 班昭

為了完成父兄遺願，班昭續修《漢書》，後代史家的評價是：「言賅事備，與《史記》齊名。」

「臣不敢望到酒泉郡，但願生入玉門關。」看到兄長班超從西域送來的音訊，班昭不禁熱淚盈眶。「二哥早已是個風燭殘年的老人了，他大半生都留守在西域，為朝廷效命，我這個當妹妹的，不知還能為他做些什麼？」「姑姑別傷心，家父目前唯一的心願，就是能重回故里，和您見上一面，或許就是所謂的落葉歸根吧！」班超的兒子班勇說道。

聽到「落葉歸根」四個字，班昭顧不得在晚輩面前失態，低頭啜泣不已。班勇忍住悲傷繼續說：「姑姑，家父三年前曾經上奏朝廷，請求皇帝恩准返鄉，但音訊全無，家父只得繼續盡忠職守，任憑隨行同伴逐漸凋零。這些年來父親日夜思鄉，顯然又蒼老許多，如今體力大不如前，若不再趁早啟程，恐怕真的……」

班昭心疼姪子一路的辛苦，點點頭說：「我明白了，你一路奔波，辛苦了，先回去好好歇著吧！至於上書皇帝的事，就交給我來處理。」班昭決定親自向皇上求情。

夜闌人靜，班昭回憶起哥哥年輕時「投筆從戎」的壯志豪情，前往西域「不入虎穴焉得虎子」的勇氣，如今成了齒危髮禿、顫顫巍巍的老人，竟還不能返鄉一敘天倫。

於是，班昭不顧一切的提筆寫道：「兄班超遠赴西域之初，立志報效國家，穩定邊境，即使為國捐軀在所不惜，三十年匆匆已過，經歷艱困險阻。如今，西域各國臣服，相隨眾人皆已亡故，獨留兄一人，孤伶伶的鎮守邊疆，且兄因年邁而眼不明，耳不聽，拄拐杖緩步而行，似已來日無多，懇望聖上恩准，讓兄及早返鄉。」班昭文情並茂的奏章，讓皇帝很感動，終於允許班超解甲歸田。

班超在東漢和帝永元十四年（西元一〇二年）返抵洛陽，和妹妹班昭重敘天倫，一個月後，班超便病逝，班昭雖然傷感，但也欣慰終究讓兄長完成心願。她的文采和才情足以使皇帝改變成命，的確令人折服。

班昭，字惠班，又名姬，陝西扶風人士。她的家學淵源，父親班彪和大哥班固，都是有名的史學家。班昭自小耳濡目染，博覽群書，頗有後來居上的趨勢。

班昭十四歲嫁給同鄉的曹世叔，兩人情投意合，堪稱神仙眷侶，世人便稱班昭為「曹大家」。只可惜，幾年後曹世叔去世，班昭獨立撫養子女，終生過著孤寂的生活；值得欣慰的是，孩子們十分爭氣，班昭的兒子後來還被封為「關內侯」。

猶記得班彪年輕時曾說過：「司馬遷的《史記》僅記到漢武帝太初年間，其後的史事無人再續，甚是可惜！」於是，班彪著手《漢書》的編纂，詳記西漢一朝的歷史，是我國第一部紀傳體的斷代史。班彪年事已高，去世後由長子班固接手編纂，班固花了二十多年的努力，總算完成《漢書》的主要部分，不幸卻因牽連到外戚竇憲的案子而被捕下獄，班昭心裡焦急，卻挽救不了兄長的性命。

為了完成父兄遺願，班昭續修《漢書》未完成的部分，就是最艱鉅的〈百官公卿表〉和〈天文志〉。此時的班昭已經頗有名氣了，漢和帝特別恩准她到「東觀藏書閣」（相當於國家圖書館）去參考典籍。在班氏家族的接力撰寫下，《漢書》終於完成，後代史家給予的評價是：「言賅事備，與《史記》齊名。」《漢書》和《後漢書》、《史記》、《三國志》並稱為「四史」。

除了文史方面的造詣，班昭七十歲時，還撰寫了《女誡》七篇，共一千六百多字，其中就引用了《詩經・小雅・斯干》的說法：「生男曰弄璋，生女曰弄瓦。」從此男尊女卑的觀念便深植人心而牢不可破。

《女誡》本來是班昭寫給自己家族的訓示，卻因為作者的名氣，使得洛陽城裡的世家大族紛紛傳抄而風行一時。其中關於婦女侍奉丈夫，服侍公婆，忠貞守節，逆來順受等美德，描述得鉅細靡遺，似乎在昭告天下婦女，若是不能遵守這些規矩，就是德行敗壞，遭人唾棄。

《女誡》在當時，甚至是後代，一直引發極大迴響，成為中國傳統禮教不可或缺的一環，但若以今日男女平權的觀點視之，《女誡》是不合時宜的；不過，時代的變遷左右了人們的價值判斷，若是嚴批《女誡》的迂腐陳舊，似乎昧於史實，過於苛刻。

漢和帝死後，一連兩位幼主即位，而由當權的鄧太后臨朝。太后很尊重班昭，舉凡宮內大小瑣事，都詢問班昭的看法，班昭也竭盡心力的為太后解憂。當班昭年邁去世時，鄧太后還為她素服舉哀，班昭得此殊榮，一代才女當之無愧。

魏晉的門當戶對

「九品官人法」，以家世背景評比，形成「上品無寒門，下品無世族」的特殊現象。

「大人，下官一事相求，不知當講不當講？」「你直說無妨。」「下官半生戎馬，為朝廷效力，如今薄有虛名，想勞煩大人金口一言，為小兒求得謝家千金，玉成兩家的親事。」「唉！這你就不懂了。王、謝這幾家累世高門，堪稱是地方上的貴族世家。將軍雖有勳名，令公子也早有美譽，可是你們出身寒門，實難高攀求親，若想覓得良緣，還是另尋與你家世匹配的姑娘吧！」這是東晉時期，丞相和官員的一段對話，其中非常強調「門當戶對」的不成文規定。

綜觀魏晉南北朝三百多年歷史，門第觀念始終存在，世家大族在各方面享有特權，所謂「公門有公，侯門有侯」，世家子弟可坐致公卿。俗話說：「但願生兒愚且魯，無災無病到公卿。」一語道破世家大族的優勢，也突顯出社會不公平的現況。

至於世族政治的緣起，應該追溯自曹操的兒子曹丕。曹操雖然「挾天子以令諸侯」，但他始終沒有篡位自立。其子曹丕則在曹操死後，正式建國稱帝，史稱「魏文帝」。他採納大臣陳群的建議，實施「九品官人法」，以家世背景評比，共分為「上上、上中、上下、中上、中中、中下、下上、下中、下下」九級，做為選才任官的依據。此後政治參與全為地方豪門把持，很快便形成「上品無寒門，下品無世族」的特殊現象。

「兒啊！咱們家房地田產有得是，吃穿不用愁，但你既是望族子弟，就該敦品勵學，像個豪門世家的模樣，將來才能仕途大展，維繫家族的榮光。」「孩兒明白，從今日起一定努力讀書，不辜負爹爹的期望。」世家大族為了保持名聲不墜，即使坐擁土地財富，仍舊重視家教門風，對子弟的要求非常嚴格。不過，他們強調門當戶對，從心底瞧不起寒門子弟，不屑與他們來往，甚至不肯同桌共食。若是想和這些望族結為姻親，非得門第相當才行，否則就算皇帝出面做媒，也難以玉成其事，這是魏晉時期相當不合理卻普遍的事。

曹魏之後的西晉和東晉，建國者自身才智平庸，卻因為出身司馬家族，因此平步青雲，掌控了軍政大權。他們從小環境優渥，漠視民間百態，生活腐化。例如：西晉的開國者武帝司馬炎，祖父司馬懿、父親司馬昭，都是權傾天下，不可一世的曹魏大臣。司馬炎藉由祖、父餘蔭，結束三國鼎立的分裂局面，進而一統天下，但他實在缺乏興國安邦的氣魄。歷史記載他接見大臣時，很少談論國家大事，總是繞著細節瑣事話家常。於是，眾人競相以奢華的生活方式為話題，無人關心國計民生，形成社會上另一種怪異現象。

歷史記載，奢侈行徑最著名的例子首推石崇，他和另一個鉅富——王愷，兩人不時一較高下，所以才有「日食萬錢而無下箸之處」的說法，這些豪門首富對山珍海味習以為常，經常苦惱不知筷子該夾什麼菜呢！「聽說石府的廚房以蠟燭做為燃料而不用柴薪，還用錦緞做成遮陽的布幔，可以綿延數里，真是氣派奢侈啊！」「那有什麼稀奇？上回陛下賜給王愷的珊瑚樹高達兩尺，竟被石崇一斧就擊碎了……」「啊！那可怎麼了得？」「沒什麼大不了。因為，石府裡高達三、四尺的珊瑚樹多得是，那種貴氣不是我們一般人能了解的，難怪石大人看不上其他的貨色呀！」大家嘖嘖稱奇的談論著。

這些世家大族為了彰顯財富、地位，無所不用其極，幾乎遺忘他們也應肩負文化傳承的責任，性格也逐漸失去溫文儒雅的特質。據說，石崇在府中宴客時，大多以美女執壺勸酒，如果是賓客酒不能盡興，他便大開殺戒，將美女論罪處斬。雖然石崇最後的下場不得善終，但是他令人髮指的行徑，反而更突顯出執政者的無能。

此外，當時貪污現象極為普遍，例如：一名地方官的貪污惡行傳至京城，丞相派人規勸那名官員，但他居然毫無愧色的回答：「待銀兩足夠便止，此事下官自有分寸。」而另一名地方官因為治理的區域富裕而收入頗豐，但是他卻在任職兩年後請辭，原因令人不解，只見他侃侃而談：「我的錢已經存攢足夠了，這種絕佳的發財機會，也該讓給別人啊！」這兩名貪官的行為不僅未獲罪責，反而傳為美談；至於統治者的荒唐更是貽笑千年。

武帝司馬炎之後的晉惠帝在位時，天災人禍民不聊生，當他聽說百姓因為沒飯吃而餓死時，曾大惑不解的回應：「沒有飯可以吃肉啊！」坦白說，他真的弄不清楚狀況，才會說出這種話。西晉政權只維持了短短的五十二年，原因早已昭然若揭。

魏晉時期的寒門子弟很難出人頭地，直到隋朝開始實施科舉考試，個人可以自由報名參加，考取了便得以出任官職，門閥專政的局面才逐漸被打破。平民入仕的機會大增，社會才有較公平的發展趨勢。寒門子弟憑藉著自己的能力入朝為官，不僅讓政府延攬到更多人才，也讓平民百姓的生活更獲關注，這正是隋、唐兩朝可以興旺的原因之一；然而，魏晉南北朝時期政治上的分分合合，社會上的擾攘不安，卻是民族遷徙、融合的重要階段。

中原人士南下到了長江流域，世家大族不得不和當地居民合作，共同開發江南；北方的胡人入主中原，或許在軍事上享有優勢，但在文化和制度上，他們大規模的學習漢化，為往後的歷史脈絡注入嶄新的力量。

中華民族宛如一座巨大的熔爐，在關鍵時刻注入更多的新血，因而締造出獨特且燦爛的中華文明。

「女史箴圖」波折多

賈南風

顧愷之畫這幅「女史箴圖」，是因為前朝宰相張華，寫了〈女史箴〉一文，他便依文作畫。

「博士，麻煩您過目，這畫軸上懸掛的玉珮，是否價值不斐啊？」英國軍官C.K. Johnson問道。他的心裡忐忑，因為畫卷來自中國的紫禁城，是大清皇室珍藏的寶物。西元一九〇〇年八國聯軍攻占北京，洋人在皇宮裡恣意妄為，明搶暗偷無惡不作，Johnson順手盜取這幅長捲軸的墨寶，但他卻不知箇中玄妙。

經過大英博物館審慎的鑑定，發現這塊玉珮質材普通，畫卷卻是非凡，這是中國最早的一幅人物長捲畫──「女史箴圖」。

「女史箴圖」原有十二段，現存九段，前三段不知遺失於何時。全圖長約三百五十公分，上半部是顧愷之的畫作，下半部是乾隆皇帝題的字和璽印，還手繪了一株蘭花，象徵婦女的蕙質蘭心，「女史箴圖」可說是無價之寶。

「女史箴圖」的作者顧愷之是東晉人，被稱為「三絕名士」，意思是他具有「才絕、畫絕、癡絕」的率真。有一年南京城內佛寺落成，住持懇請顧愷之佈施香油錢，顧愷之金口一諾：「那就一百兩吧！」這個數目讓眾人目瞪口呆，只見顧愷之與住持達成協議，他花了月餘的時間，在寺中畫了一幅維摩詰像，開寺的首日，四方湧入香客，大家爭睹顧愷之的作品，隨手添些香油錢，老師父最後一結算，竟然超過百兩之多！

顧愷之的個性豪放灑脫，他的作品曾遭朝中大臣桓玄偷盜，他得知後並不後悔，還不慍不火的表示：「所謂妙畫通靈，一如人之成仙，便自凡間消失無蹤。」

顧愷之所以畫了這幅「女史箴圖」，是因為前朝的宰相張華，寫了〈女史箴〉一文，他便依文作畫。〈女史箴〉文中主要在訴說女德的重要，彰顯儒家禮義人倫的力量，足以端正人心，穩定社會。張華身為西晉武帝、惠帝兩朝元老，眼見惠帝迎娶的賈南風招權納賄，淫亂後宮，便加以規勸告誡，只可惜張華所強調的溫柔淑慎，賈南風是做不來的。

晉武帝本身驕奢淫逸，望之不似人君，他的後宮佳麗超過萬人，讓他流連忘返，以致朝政不修，而太子司馬衷資質駑鈍，所以，晉武帝想冊立一名精巧俐落的太子妃，彌補衷兒的不足之處。

「陛下，賈充夫人屢向臣妾提及其女南風，個性柔順又具姿色，不失為衷兒的良配。」「是嗎？朕怎麼聽聞賈充之妻善嫉，在府中杖責奴僕致死，這種家風可別傳到女兒身上。」晉武帝和皇后楊氏討論太子的終身大事。此時，還有另一件困擾著晉武帝的事，那就是愚鈍的衷兒是否懂得夫妻相處之道？

晉武帝指派宮女謝才人點撥太子，不料謝才人立即傳出受孕的消息，這讓晉武帝更加為難，因為他也弄不清楚，這謝才人所生之子司馬遹，究竟是他的龍種，還是太子的子嗣？就在渾沌曖昧中，位高權重的賈充力保自己的女兒，賈南風如願當上太子妃。

賈南風進宮後真相大白，原來她面容醜陋，心地陰狠，但事已至此無法轉圜，晉武帝只盼太子能和她和睦相處；不料事與願違，太子對她不理不睬，賈氏心懷怨懟，多次殘害太子身邊受孕的宮人，宮闈之內屢起爭端。

晉武帝死後，司馬衷即位為惠帝，其癡傻更加明顯，他曾經質問大臣：「屋外蛙鳴是討論公事還是私事？」也曾疑惑饑荒時餓死的百姓：「何不食肉糜？」相較之下，當上皇后的賈南風就精明多了，她插手政治，搬弄是非，勾結諸王互相傾軋，甚至和宮裡的太醫發生不倫之戀。這時候，宰相張華忍無可忍，書寫〈女史箴〉一文，規勸賈后要有母儀天下的風範。

「哼！張華食古不化，自以為曾任聖上的老師，就可以教訓本宮嗎？」賈后對〈女史箴〉嗤之以鼻。張華在文中的第一段，描述西漢元帝坐觀獸鬥表演，一隻黑熊突然撲擊皇帝，負責護衛的隨從嚇得不知所措，反倒是身型柔弱的馮昭儀擋在皇帝御前，以自身性命維護君王安全。

第二段則是敘述西漢成帝和皇后乘坐轎輦出遊，跟隨在後的班婕妤受皇帝之邀同登轎輦，但是班婕妤遵守禮制，不肯上轎堅持步行。

其後的幾段文字，都在敘述夫婦相處的規範，訓示婦女除了修飾儀容，還要砥礪修為，相夫教子，端正世風。張華的諄諄教誨，似乎讓賈后變本加厲，她逼死了婆婆楊太后，毒殺太子司馬遹，終於引發「八王之亂」。

在這場司馬家族相殘的人倫悲劇中，晉惠帝、賈后和張華相繼被害，朝廷裡暗潮洶湧，危機重重；百姓則是民不聊生，導致胡人匈奴大舉入侵，西晉政權覆滅，史稱「永嘉之禍」，中國從此陷入長期的南北分裂。

數十年之後的顧愷之畫出「女史箴圖」，堪稱是人物畫的巔峰之作，此畫筆法細膩，藉由每個人物眼神的表達，訴說故事情節，無怪乎英國始終不願歸還此畫。二次世界大戰期間，當中國政府索求此畫時，英國甚至提出交換條件，願意提供四艘軍艦，支援中國與日軍應戰，而不肯將「女史箴圖」割愛。時至今日，「女史箴圖」依然陳列在倫敦的大英博物館，接受遊客的驚豔和讚嘆。

魏晉南北朝

蘭陵王入陣曲

高長恭在邙山之戰揚名立威時，將士們在慶功宴上編奏出雄壯的樂曲，便是「蘭陵王入陣曲」。

首部曲：周、齊對峙

「敕勒川，陰山下，天似穹廬，籠蓋四野，天蒼蒼，野茫茫，風吹草低見牛羊。」高歡和部將斛律金望著平坦的閥野，豪情萬丈的唱出胸中大志。這時是西元六世紀，中國正陷於南北分裂的局面，北方是鮮卑族建立的北魏政權，曾經盛極一時，可惜後繼無人，分裂成東魏和西魏。東魏由大臣高歡把持，西魏則由宇文泰掌控；至於不想受到胡人統治的漢人，則隨著東晉政權遷徙到江南。可惜東晉的執政者未能穩定局面，陸續更迭為宋、齊、梁、陳四個朝代，動盪不安的狀況將近兩百年，史稱「南北朝」時期。

高歡本是漢族血統，自幼長在胡地，又娶了鮮卑族美女婁昭君，堪稱是個胡化的漢人。婁昭君育有六子：高澄、高洋、高演、高淯、高湛和高濟，除了高洋體貌粗獷，其他的皆是美男子，而高澄的兒子高長恭，就是歷史上著名的蘭陵王。

根據《北齊書》所述，高長恭「貌柔心壯，音容兼美」，確實是一花美男。高長恭勇武善戰，為了在戰場上立威，便戴面具遮其美貌。唐朝《樂府雜錄》記載：「蘭陵王有膽勇，善戰鬥，以其顏貌無威，每入陣即著面具，後乃百戰百勝」。當他在西元五六四年的邙山之戰揚名立威時，將士們在慶功宴上編奏出雄壯的樂曲，便是「蘭陵王入陣曲」。

高歡本是個雄才大略的人，眼見東魏君主個個昏憒無能，便操控大權，積極培養接班人高澄，隨時準備篡位稱帝，高澄也志得意滿。

「陛下，微臣敬您一杯。」「朕已不勝酒力，無法再飲。」「哦！皇上是故意讓臣難堪嗎？」身為大將軍的高澄，竟然叫人打了東魏孝敬帝三拳，其囂張行徑如此，無怪乎孝敬帝騎馬時，都不敢奔馳在高澄的坐騎之前，他這個皇帝根本就是高家的傀儡。

孝敬帝和高澄還有一層親屬關係，皇帝的胞妹元仲華嫁給高澄，生了蘭陵王的三哥高孝琬，被封為河間王。

蘭陵王高長恭名孝瓘，小名肅。他還有大哥河南王高孝瑜，其母宋氏。二哥廣寧王高孝珩，其母王氏。五弟安德王高延宗，其母陳氏。六弟漁陽王高紹信，其母燕氏。蘭陵王排行第四，其母身分低微，史料上竟連姓氏都無所錄，這或許正是高長恭的畢生之憾。

高孝瑜文武雙全，最受父親高澄疼愛；高孝珩學涉經史，高孝琬出身高貴，高延宗被叔父高洋收養，溺寵到行為失序，直到年紀漸長明白事理，才成為一代名將。高長恭身處大家族中承受壓力，所以他處事謹慎，從不與人邀功爭寵，且能善待部眾，史載：「長恭為將躬勤細事，每得甘美，雖一瓜數果，必與將士共之。」

高澄本是將才，但因個性焦躁，行事魯莽，竟被府中僕役所殺，得年二十九歲。此時長恭不足十歲，二叔高洋正式即位，建國號「齊」，時為西元五五〇年。

高洋的荒淫殘暴令人髮指，他篡奪了東魏的政權，將皇室七百二十一人全部殺害，屍體投入漳水，河道竟為之殷紅堵塞。高洋還喜歡飲酒狂歡，縱容部將非禮婦女，他自己則是在雪地裡騎馬裸奔，沿路砍殺百姓，惡行無法列舉。其母婁太后屢勸無效，高洋竟把母親推倒在地，事後又來負荊請罪，立誓痛改前非，母子相擁而泣，但不久又故態復萌，殘暴依舊。

高洋每日殺人無數，宮人便將獄中囚犯提至內廷，讓高洋以各種酷刑將人犯折磨至死，名為「供御囚」。這種君主自然是命不長久，高洋因酗酒過量而死，年僅三十一歲。

高洋的兒子高殷倉促即位，此人個性柔弱，喜讀詩書，幼時因為不夠剛猛而遭父嚴懲，此後連說話都結結巴巴，望之不似人君，在位僅一年便遭六叔高演所廢，高洋被追諡為文宣帝，高殷是廢帝，高演則是孝昭帝。

高演事母至孝，婁太后患病，高演數十日侍奉榻前，婁太后很是感動；但是，太后最放心不下的，就是孫子高殷。「兒啊！哀家知道殷兒雖有文采，卻不善治國，所以改立你為君主，以建立我大齊的霸業；但殷兒生性寬厚，不會加害於你，你一定要護他周全。」

可是，高演為保皇位，還是下手殺了高殷，當時高殷只有十七歲。此後，高演經常精神恍惚，不僅愧對母親的交託，還經常見到姪子高殷的魂魄，高演一病不起，在位僅一年病逝，只有二十七歲。

此時婁太后的另一個兒子高湛即位，他立刻殺了高演的太子高百年，百年只是個七歲的孩童，竟遭到叔父的毒手。高湛立自己的兒子高緯為太子。這父子皆是荒唐庸懦之人，蘭陵王高長恭身為皇親宗室，又是朝中大將，不得不為其效忠賣命。

蘭陵王和段韶、斛律金之子斛律光，被譽為軍中三傑，但大家對齊國的未來都是憂心忡忡。

高湛的儀表堂堂，卻是表裡不一，他性喜遊樂，經常是數日不朝，也不理國政。皇后胡氏在後宮裡恣意淫亂，高湛也不加約束，蘭陵王的兄長勸諫，卻被高湛迫害致死。「河南王和河間王已逝，安德王被鞭重傷，這伴君如伴虎，王爺您不可不慎啊！」「本王會更加恭謹，才不致觸怒天顏。」高長恭和部將陽士深論道。

高湛覺得國事繁瑣，乾脆禪位給太子高緯，自己當個有權無責的太上皇。這高緯被民間戲稱是「無愁天子」，治國能力不足，殘暴卻不輸其父，面對鄰境周國的威脅，他只能仰賴軍中三傑的效力。

此時的大周皇帝是宇文邕，此人神武過人，沉穩多智，而且崇尚簡約，身上不配金銀寶玉，宮室不准雕梁畫棟，他雖是胡人血統，卻能接受漢化薰陶，凡事親力親為，打仗時身先士卒，行軍時履涉勤苦，忍他人所不能，甚至寧願自己赤足行走，也要兵士們有靴可穿。所以，大周國運昌隆，即將殲滅腐敗不堪的齊國，已是大勢所趨。蘭陵王等人置身歷史的洪流，終究無法從險境中全身而退。

續曲：隋的統一

「朕要給這狗兒、鬥雞、飛鷹、駿馬，全都加官封爵。」「朕要在宮內蓋一座貧民窟，朕扮乞丐，才能苦民所苦。」高緯在五六八年即位為帝，對父親高湛的英年早逝（年三十二歲）毫無哀慟，如今專寵奸臣祖珽，弄得是民不聊生。

「陛下所言甚是，宮苑之外還有貧民窟，堪稱是空前絕後。」祖珽一味逢迎，貪求榮華富貴，錯過了為國盡忠，施展長才的機會。祖珽本是個能臣才子，他文筆流暢，精通音律，知曉外族語言，還懂醫術藥學，陰陽八卦；可是，祖珽心術不正，貪財好貨，蘭陵王高長恭的父親高澄對他極為厭惡，曾重罰他二百馬鞭，不予任用。這會兒祖珽時來運轉，碰上昏庸無能的高緯，他那套爭寵獻媚的功夫，正巧可以派上用場。

「皇上，我朝一向誠敬禮佛，微臣一定完成皇上交辦之事。」原來，高緯交代祖珽修建佛寺，一夜就要焚油萬盆。此外，他還下令興築宮殿十二座，百姓被抓來做工，放任農地荒蕪，飢寒交迫的人處處可見。

高緯的荒唐不止於此，皇后馮小憐狐媚惑主，生活更是豪奢，一座妝台要耗金千兩，衣裙穿過一次即丟，伺候她的宮女錦衣玉食，人數多達數百，馮小憐還提出更荒謬的主張：「皇上，臣妾聽聞兩軍交戰，皇上英姿煥發，神勇過人，不知臣妾是否有幸親臨前線，爭睹皇上風采？」

「好！朕就讓你到軍中去開開眼界，見識一下朕的威猛。」「皇上，萬萬不可！軍隊迎戰是無比神聖之事，大敵當前豈容嬉戲，這……不妥啊！」斛律光焦急的勸諫。

「放肆！別以為邙山之戰你和蘭陵王立下大功，朕就得聽你的，朕可以隨時要了你的命。」高緯才發了脾氣，立刻轉成笑臉對小憐說：「快去梳妝準備，隨朕的大軍出發。」

斛律光老淚縱橫，想起自己曾在邙山之戰出生入死，戰到只剩下一支箭，還深入敵營，射殺周國大將王雄。

西元五六四年的邙山之戰，周國皇帝宇文邕率領數萬大軍來襲，當時宇文邕受制於權臣宇文護，很多事是身不由己。

「神舉，宇文護是朕的堂兄，卻處處為難於朕，此番出征，為的是向齊國索回堂兄的母親和姑姑。朕並非無情之人，難道不掛念兩位長輩的安危嗎？可是，齊國已經在月前將人送回我大周，我們卻食言與之開戰，實在是師出無名啊！」宇文邕體恤天下蒼生，不願見到兩軍交戰，血流成渠的慘狀。

「皇上宅心仁厚，微臣明白。但既已出征，就只能勇往直前，更何況，此次和我們應戰的，是齊國戰神蘭陵王高長恭。」宇文神舉說道。

果真如宇文邕所料，高長恭的部隊為中軍，配以左、右斛律光和段韶，千餘人之眾氣勢如虹，齊軍從邙山俯衝直下，殺得周軍措手不及，這便是齊國人人引以為傲的邙山大捷。

可是，高緯忌憚蘭陵王的功勳，隨時準備對他施以毒手。長恭感受到處境的艱險，開始稱病不出，甚至佯裝出貪財的嘴臉，多次向官員索賄。「王爺，此舉不妥啊！不能化解皇上對您的猜疑，反而更置您於險境了。」高長恭的妻子鄭妃說道。鄭氏出身滎陽望族，是賢淑的名門閨秀，一直伴隨高長恭甘苦共嚐，而高長恭是高氏兄弟中最能接受漢族文化的一員，也以胡漢融合為目標。可惜在位者極盡殺戮之能事，從不以天下百姓為念，齊國的覆滅已經不遠，而高長恭功高震主，自己的命運也步上險境。

邙山戰後數年，先是段韶病逝；西元五七二年，斛律光無罪伏誅，宇文邕得知後開懷大笑：「高緯這個昏君，果然害死了名將，這正是我大周國的振興之兆。來人！宣朕旨意：大赦天下。」第二年，高緯對蘭陵王賜下毒酒，終結他三十二歲的生命。

「蘭陵王被殺？因何獲罪？」宇文邕聞之大驚。「微臣聽說是因為高緯向蘭陵王表示，打仗時不宜入陣太深，以免身陷險境而後悔莫及。蘭陵王頗為感動，說了一句『家事親切』，由此觸怒高緯，認為蘭陵王把軍國大事視為家事，足見其有謀篡野心，乃招致賜死。又據探子回報，蘭陵王死前把別人欠他的借據全數銷毀，總數有千金之多。」宇文神舉詳細稟報，宇文邕一聲長嘆，痛惜名將殞落，也決心大舉伐齊，剷除昏君暴政。

西元五七七年，高緯膽怯遁逃，派出安德王迎戰周軍。安德王取得些微勝利，立即迎回高緯，正準備讓他對陣前將士們激勵一番，不料高緯面對殺氣騰騰的部隊弟兄，還沒開口就哈哈大笑，把一場嚴肅的訓勉大會，搞得是荒腔走板，讓齊軍鬥志全失。而馮小憐竟在軍營裡攬鏡梳妝，命帳外將士待其妝畢才可出兵迎戰，如此行徑豈有不亡之理？

周國滅亡齊國，短暫的統一北方，但宇文邕積勞成疾，在五七八年病逝，年僅三十五歲，其子宇文贇即位。此人嗜酒好色，在父親的喪禮上捶棺痛哭，卻是咒罵父親生前對他管教太嚴，如今他終於獲得解脫，對父親的死毫無傷痛之情。

宇文贇殺了前朝功臣宇文神舉等人，自稱是「天元皇帝」，百官覲見之前必須沐浴齋戒，動輒得咎遭到毒打，連后妃也不例外。好在他在位僅只九個月，就禪位給七歲的太子宇文闡，自己過起更加荒唐的生活。此時，宇文贇皇后楊麗華的父親楊堅，逐步掌控朝政，他在西元五八一年自立為帝，建立隋朝，又在數年後消滅南方的陳朝，完成天下一統，並開創了「開皇之治」的盛世，終於還予百姓安居樂業的生活。

後記：

「蘭陵王入陣曲」在隋、唐初期始終不衰，被稱為是「代面舞」的始祖，後經由日本派來的遣唐使將其傳入日本，成為日本能劇的緣起，唐太宗還仿之又做「秦王破陣曲」。數年前日本曾派出能劇劇團，親至蘭陵王的墓前（今河北省磁縣）表演，對這位千年前的戰神表達欽仰之情。

締造隋朝盛世——楊堅

楊堅在位二十四年，府庫充實，與民休養生息，史稱「開皇之治」。

東漢末年群雄並起，先有魏、蜀、吳三國鼎立，後有五胡亂華，南北對峙，中國陷入長達數百年的動盪不安，直到楊堅篡奪北周政權建立隋朝，天下終於復歸一統。

楊堅是北周陝西人氏，其父楊忠被封為「隨國公」，是朝廷的一名官員。當時的北周有八個豪門世家，楊忠的上司獨孤信是為其一。獨孤信的長女嫁入北周宮廷，另有一女嫁予名將李虎之子，所生的兒子，就是日後大唐帝國的開國者李淵。

獨孤信還有一個小女兒，十四歲就嫁給楊堅，此後夫妻同心，開始在朝野間廣植勢力人脈。楊堅為了自己的政治前途，將女兒麗華嫁給北周的儲君宇文贇，他就是行事乖張的北周宣帝，楊堅因此成為皇帝的岳父。

宣帝的精神狀況不穩，在位不及一年，就傳位給七歲的太子宇文闡，即北周靜帝。宣帝自稱「天元皇帝」，繼續執政，讓岳父楊堅掛名輔佐，但是既無實權，又得不到信任。楊堅私下對人言道：「天元皇帝無德無能，外觀亦非長壽之相，看來動盪不遠矣。」可見楊堅早就希望女婿短命，再有所圖謀。

果然，一年之後（西元五八〇年），宣帝突染惡疾而啞，口不能言。因為楊堅是皇后父親，朝廷急召楊堅入殿侍奉。楊堅入宮的當晚，宣帝暴斃而亡，年僅二十二歲。從這時起，朝廷大權便落入楊堅手中。

年幼無知的靜帝別無選擇，於次年下詔禪位給楊堅。楊堅正式稱帝建立隋朝，建元開皇，他就是隋文帝。

楊堅和獨孤皇后感情甚篤，兩人育有五男三女，此時長子楊勇為太子，楊堅經常自豪的表示：「朕的五個兒子皆源自一母，日後必能相親相愛，相輔相成，絕不會出現兄弟鬩牆的慘劇。」楊堅哪裡料想的到，日後自己竟被逆子所弒，而手足間的相殘，更是慘絕人寰。

楊堅雖以篡奪的手段取得王位，卻是個勤政愛民的好皇帝。他習性儉樸，勤於政事，惜兵愛民，絕不窮兵黷武。有了這些優點，足以稱之為賢主。此外，他結束南北朝分裂對峙的局面，又革新朝政，廢除像梟首之類的多項酷刑，還創立公平的科舉考試制度，不再以家世背景作為選官的標準，讓各方人才都能投效朝廷，一展己長。

楊堅的生活簡約，即使衣服破損，經過修補還繼續使用。獨孤皇后不喜歡奢華的物品，大臣如果獻上珍寶，不但無法取悅皇后，還會惹來一頓斥責。於是，嬪妃不敢穿金戴玉，大臣們也衣著樸素的上朝。為了杜絕貪汙，楊堅還派人假裝行賄，試探官員們的操守。朝野間廉潔自持蔚為風氣，當時四海昇平，堪稱是難得的治世。

楊堅勤於政事，經常四處走訪，了解民間疾苦。有一次，楊堅和群臣巡視久旱不雨的災區，看到人民只以米糠充飢，他難過得淚流滿面，從此有一年的時間禁肉戒酒，表示苦民所苦。大臣們深受感動，也都能體恤百姓，並且協助災民復耕安家。

楊堅在位二十四年，期間府庫充實，與民休養生息。全國人口由建國初期的九百萬，增加到四千五百萬。楊堅又開鑿運河「廣通渠」，便利長安與關中之間的運輸；還設立糧倉，可以在必要時賑濟災民，根據日後唐朝的估計，倉內所存糧食可供數十年之用，百姓再無饑饉之苦。隋朝初期國家空前富裕，史稱「開皇之治」。

可惜的是，無人不畏生死，楊堅晚年迷信鬼神，輕易採信讒言，而且識人不清，將太子由長子楊勇，改為次子楊廣，直到臨終之際，才看出楊廣陰狠毒辣的真面目。

楊廣為了謀奪帝位，不惜殘害父兄即位，他就是隋煬帝，昏庸殘暴令人髮指。隋煬帝的個性躁動，在位十四年期間，居西京長安僅只一年，居東都洛陽也只有三年，其他十年間或北巡，或西狩，或東征，或南遊，舟車駝馬，日不暇給，搞得是民窮財盡，四方民怨沸騰。然而楊廣遊興不減，歷史上最有名的，便是他修築運河，三下江都（今揚州）。

皇帝巡遊之前，地方上要先建「離宮」，金玉為飾，富麗堂皇；至於皇帝和嬪妃、公主皇子、文武官員所乘坐的舟船，建造更是不得馬虎。船行河上為求平順，均由壯丁於兩岸牽挽繩索，拖拉舟船行進，人數多達八、九萬。這些百姓棄農事於不顧，卻來侍奉皇帝出遊，真是其情也哀！

煬帝自己所乘的龍舟分為四層，高四十五尺，長二百尺。上層有正殿、內殿、東西朝堂；中二層有一百二十間艙房，皆飾以金玉。皇室成員以及五品以下官員則坐小船，各種供奉使用的物品均用貨船裝載。但見水上彩舟如練，笙歌不息，各式舟船在江上前後相連二百餘里，煞是壯觀！

皇帝船隊所過州縣，數百里之內的官民都要「獻食」，有的一獻就是一百車，都是珍饈美饌。後宮妃嬪吃不完，或棄或埋，一笑置之；然而民間衣食難以溫飽，隋煬帝倒行逆施，最後被部將所殺。楊堅辛苦經營的隋朝，只維持了三十八年的國祚。

隋唐時期

輔國良相 狄仁傑

狄仁傑可說是文武兼備的良才，不懼武則天的威勢，終於為大唐皇室保存了李家的血脈。

「有了青天大老爺的明鑒，這可是鄉里之福啊！」「沒錯！即使是沉冤多年的案子，只要到了狄大人的手裡，一定逃不過他的法眼，很快就會水落石出，真相大白了。」這時是唐高宗在位期間，鄉親們所讚歎的「狄青天」，就是盛唐時期的名臣狄仁傑。

狄仁傑，字懷英，太原人氏。他出生於官宦世家，祖父和父親都在朝為官，且能清廉自持，所以狄仁傑自小承受家訓，不僅要讀聖賢書，更要學聖賢事，日後才能報效國家。

狄仁傑科考及第後便展開仕途，此時母親不以他金榜題名為喜，反而殷切的告誡，凡事務必小心謹慎，絕不可以偏執妄為，狄仁傑謹遵母命，懷著戒慎恐懼的心走馬上任。

狄仁傑初任汴州參軍，還不了解官場勾心鬥角的險惡，稍一不慎便遭人誣告，幸好當時受理此案的是著名的畫家宰相閻立本，他明察秋毫，還給狄仁傑清白。「這狀子上說你有貪財之嫌，經本官調查後，發現純屬誣陷，你大可不予理會；你日後應當貢獻己才，多為國家效命。」閻立本十分賞識狄仁傑，薦舉他為并州法曹參軍。

受到這次打擊，狄仁傑深感自己所知的不足，此後專注於兵法、刑罰、典章制度的研讀，以報效閻立本的提拔。

狄仁傑在高宗儀鳳元年（西元六七六年）出任大法官之職，一年之內就審理了幾千個案件，牽連人數高達兩萬餘人。在他公正廉明、明察善斷的治理之下，逍遙法外的人被治罪，飽受冤屈的人洗淨了罪名，難怪百姓稱狄仁傑是「狄青天」了。

這時候唐高宗已立武則天為后，兩位聖駕準備出遊，地方首長并州長史獲知消息後大驚，立即下令數萬名百姓修築御道。狄仁傑得知後頗不以為然：「這數萬人放下手邊工作，不事生產而專修御道，豈是蒼生之福？我要面見聖上說個明白。」「大人可千萬使不得啊！若因道路不平而驚擾了聖駕，一旦降罪下來，這誰擔當得起呢？」地方官員個個嚇得直打哆嗦，狄仁傑不為所動，決意要入朝覲見。

「啟奏聖上，微臣以為，既是英明的天子巡遊地方，不僅百姓稱慶，天上眾神也會讓該地風調雨順，以保陛下巡游無礙，又何須煩勞百姓大興土木呢！」狄仁傑提醒高宗皇帝，當以天下為念，不應擾民增怨，卻又把話說得圓滿婉轉，皇帝忍不住點頭稱是：「好，那就依卿所言吧！」

高宗皇帝承繼太宗皇帝的帝位，對先皇充滿懷念。有一次，兩名看管唐太宗墓塚「昭陵」的將領，不慎誤砍了兩棵柏樹，惹得唐高宗大怒。「真是膽大妄為，竟敢砍伐『昭陵』的樹木，依律當斬！」

「請恕微臣放肆妄為，有話面奏聖上。」狄仁傑說道。「朕就聽你說說。」「微臣以為，陛下一直以孝治理天下，如今因兩棵樹木而折損兩名將才，此乃對國家不義，對先皇更是不孝，臣不得不斗膽進言。」狄仁傑的一番話讓皇帝消了火氣，兩名將軍也保全了性命。

唐高宗病逝後，武則天改國號為「周」稱帝自立，狄仁傑受命入閣為相，依然盡心盡力的為國為民。可是，武則天鼓勵告密，以舉發意圖謀反之人，於是，有人捏造了事證舉發狄仁傑。

「你可知何人檢舉你嗎？」武則天明知狄仁傑忠貞不二，卻故意試探。「稟皇上，微臣不知，也不想知；子虛烏有之事，何必追究？微臣只有深切反省，更加戒慎，日後絕不再犯被誣告之事。」狄仁傑懇切的回答。

武則天十分敬重狄仁傑，常以「國老」稱呼他，但由於酷吏當道，狄仁傑再次被奸宦來俊臣逮捕。「你若從實招來，一來免皮肉之苦，二來可免死罪。」來俊臣陰狠的說。「好！我招。」狄仁傑隨手就在口供上畫了押。

其實狄仁傑心裡另有盤算，他把事情原委寫在紙上，悄悄放入棉衣夾層後，託人送了出去。「天氣熱了，這棉衣穿不住了，請兄弟將之送還我家吧！」獄卒景仰狄仁傑的為人，很快便將棉衣送達，狄仁傑的兒子發現真相，立刻設法營救父親。

狄仁傑獲釋後，武則天親自召見：「國老，你明知自己無罪，為何隨意畫押？視司法如兒戲。」「微臣若不招認，這身賤骨在獄中豈不被折磨致死，又如何有幸再見到陛下天顏啊！」狄仁傑雖然獲得武則天的諒解，但還是被降了官，成為一名小小的縣令。

以狄仁傑的才幹，他把縣令做得有聲有色，百姓們為他建了「生祠」時時祭拜，武則天也欽賜「敷政術，守清勤，升顯位，勵相臣」十二個金字，不久狄仁傑重任宰相之位，再獲武氏信任。狄仁傑年邁之時，多次要求退隱回鄉，武則天總是不允，但她特別免去狄仁傑上朝時的跪拜之禮，還告誡其他的臣子：「如果不是十萬火急的大事，千萬別去煩擾國老。」

因此當狄仁傑在西元七〇〇年病故之際，讓貴為皇帝之尊的武則天痛哭失聲，惋惜國家失去了一位輔國的良臣。

綜觀狄仁傑的一生，他可說是文武兼備的良才。他曾經擊退突厥的入侵而建立戰功；經由他推薦的張柬之、姚崇等人，也相繼成為輔佐朝政的中興名臣。

更可貴的是，狄仁傑生前不懼武則天的威勢，堅持不立武氏家族的子孫為儲君，終於為大唐皇室保存了李家的血脈。在武則天死後，才有唐玄宗李隆基所締造的另一番盛世，狄仁傑的忠貞情操將永垂不朽。

青蓮居士 李白

李白是盛唐時期才情兼備的詩人，留下九百多首詩文，是大唐文化中亮麗的瑰寶。

「人生得意須盡歡，莫使金樽空對月。千金散盡還復來，天生我材必有用。」李白在酒肆裡高談闊論，身邊圍繞著志同道合的朋友，大家把酒言歡、好不快活！但李白阮囊羞澀，他絲毫不以為意，從家裡帶出來的銀兩，幾乎消耗殆盡，李白依舊豁然大度，靠著朋友接濟，交換詩文，日子倒也過得愜意，這時候的李白四十出頭，離開家鄉蜀地已有十六年之久了。

李白的遠祖是西漢猛將「飛將軍」李廣。李白出生在西元七〇一年，是武則天稱帝的第一年。據說李母懷孕時夢見太白金星入懷，因此李白字「太白」。

李家世居隴西（今甘肅省），李白出生在現今的吉爾吉斯附近，他的輪廓深邃，身型挺拔，因此有胡人後裔的說法。李白五歲時舉家遷到四川青蓮鄉，他的父親便被當地人稱為「李客」，李白則自號「青蓮居士」。

李白十歲時已遍讀諸子百家，十五歲就能為文賦詩，他還學過劍術，自認是天生俠骨，與眾不同，可是他不想參加科考，汲汲於功名。於是，從二十歲開始，他四處漫遊，行跡遍及江淮，直下蘇杭，沿途飽覽湖光山色，也留下不少吟詠山水的詩句，例如：「飛流直下三千尺，疑是銀河落九天。」不僅寫出廬山瀑布五色交輝的綺麗，更顯現水流宣洩的磅礡。

除了寫景抒發己懷，李白一路行來，結交不少友人，更讓他心境暢然，例如：在襄陽結識了孟浩然，孟夫子比李白年長十二歲，兩人結為知交，李白曾說：「吾愛孟夫子，風流天下聞。」兩人日後在「黃鶴樓」分別時，李白寫下：「故人西辭黃鶴樓，煙花三月下揚州，孤帆遠影碧山盡，惟見長江天際流。」李白的詩名滿天下，在政治上卻苦無出路，多年歷練，讓他看見民生百態，也興起為國效力的念頭。四十三歲這年，由於道士吳筠的推薦，唐玄宗天寶元年，皇帝下旨召李白入京。

李白在長安先拜見了八十多歲的賀知章，賀知章讀了李白的詩文，笑呵呵的說：「小夥子，你像是被貶到凡間的仙人哪！」於是乃有「李謫仙」之稱。

賀知章的誇讚，讓李白名氣更盛，皇帝接見的當日，唐玄宗竟然激動的步下台階，拉著李白的手說：「昔日漢武帝有司馬相如，今日朕有李太白。」

李白被安置在翰林院，做了御用文人，負責替皇帝起草詔書，但他經常流連酒肆，從不與朝廷權貴往來，孤傲狂妄的個性不改，他曾經在宰相李林甫的面前暗諷道：「在下是滄海釣客，以天上虹霓為絲，明月為鉤。」「哦！那麼你的餌呢？」「以天下不義之人為餌。」奸詐的李林甫聞言色變，李白卻大笑揚長而去。

李白向來瀟灑，行為不受禮法約束。有一次，唐玄宗和楊貴妃在御花園的沉香亭欣賞牡丹。「宣李翰林覲見，朕要讓他作詞譜曲。」皇帝的聖旨，可難倒了宮中內侍，因為，李白正在酒店裡喝得酩酊大醉，便被內侍們連拖帶拉的給架到皇帝面前。

「傳旨下去，醒酒羹伺候。」唐玄宗還親手為李白舀盛羹湯，於是「御手調羹」傳為美談。

「陛下，這毛筆結凍，如何蘸墨啊！」李白終於清醒。「我來瞧瞧！」貴妃把筆遞給宮女，宮女口中呵出熱氣使之融冰，而貴妃則手持硯台，方便李白蘸墨，這便是「貴妃捧硯」。

「愛卿，朕曾賜你新靴，你這雙破鞋就脫了吧！」玄宗笑瞇瞇的說。「也行！」李白大剌剌的把腳一伸，貴妃最信任的內侍高力士，只好屈膝為李白脫靴，只見李白大筆一揮，便寫下：「雲想衣裳花想容，春風拂檻露華濃……」、「一枝紅豔露凝香，雲雨巫山枉斷腸……」的〈清平調〉三首，皇帝和貴妃愛不釋手，對李白更加佩服。

可是李白的率真，在高力士的眼中便是輕浮，平日不與李白往來的大臣，更以蔑視體制禮法的罪名，對他痛加詆毀。所以，玄宗對李白漸生嫌隙，而高力士更在貴妃耳邊嘀咕：「李翰林將您暗喻是漢朝的趙飛燕，不僅諷刺您的出身，還指您是迷惑君王的禍水……。」

李白逐漸體會出世態炎涼，不到兩年便離開長安，又過起漂泊的生活，他結識年輕有才華的杜甫和高適，三人談古論今，日子倒也自在。

正當李白在廬山隱居時，「安史之亂」爆發，時為玄宗天寶十四年（西元七五五年）。玄宗倉皇西奔，太子李亨在靈武（今甘肅）即位為肅宗，第十六皇子永王李璘起兵興討叛軍，並且三訪李白，李白覺得應當報效國家，便投身李璘麾下，不料卻引來殺身之禍。

肅宗擔心永王篡位，羅織叛亂的罪名誅殺永王，李白身為永王僚屬遭捕下獄，幸賴名將郭子儀搭救，李白死罪可免，被判流放夜郎（今貴州遵義）。

一路顛簸難行，還沒到夜郎，李白獲得大赦，他激動的寫下：「朝辭白帝彩雲間，千里江陵一日還。兩岸猿聲啼不住，輕舟已過萬重山。」這時候的李白已經是個花甲老翁了，他意志消沉，生活拮据，四處投靠親友。當他聽說李光弼整軍待發時，李白再度興起報國熱忱，只可惜力不從心，病逝於途，年六十一歲。

李白的晚景淒涼，後人不忍見詩人殞落，乃編織醉酒後撈月而亡的情節，附和李白自稱「醉仙翁」，女兒乳名「明月奴」的說法。李白是盛唐時期才情兼備的詩人，連來自日本的阿倍仲麻呂（後改名晁衡）都與之相知相惜。可惜李白根本不適合做官，天真得不識官場文化，又灑脫得不明應對進退，他留下九百多首詩文，是大唐文化中亮麗的瑰寶。

隋唐時期

服丹藥，求長生

服丹藥，求長生的方式雖然荒謬，但在過程中，讓人們對各種礦物有更多的了解。

自古以來，人們對於長生不老，總是存有無限期待，特別是歷代的帝王，當他們封禪祭天的時候，仰望浩瀚蒼穹，不禁無限感慨：「朕富有四海，功業舉世無雙，可惜福壽難以雙全，若能與天地同壽，豈不是美事一樁？」因此，秦始皇為了得到不死仙丹，特別派遣徐福帶領三千多人出海，四處尋訪仙跡，結果因為沒有找到仙丹，這一行人從此一去不返，而秦始皇則在五十歲壯年之時駕崩，終難壽與天齊。

漢朝最英明的君主漢武帝，即使雄才大略，文治武功稱霸一時，也不免熱衷於追求長生之道。漢武帝中年以後，自覺體力大不如前，心裡驚惶失措，便聽信奸臣的讒言，誤以為太子用巫蠱妖法咒他早死，以便趁早即位，結果害得太子無辜被殺，造成一樁人倫悲劇。之後漢武帝知道事情的真相，便修建了「思子臺」，表達心裡的懊悔和遺憾，可惜為時已晚。

漢武帝晚年時，又修建了「柏梁臺」，鑄造金銅仙人以承接甘露，然後和著玉屑飲用，據說可以返老還童，益壽延年。結果事與願違，漢武帝六十九歲便過世了，不足以稱之為長壽。

隋唐之際，社會上流行煉丹術，方士們一再強調，若用金石等礦物燒煉成丹藥，服用後便可成仙，讓不少富豪信以為真，貴為天子的皇帝更是趨之若鶩。例如：被尊為「天可汗」的唐太宗，英明一世，竟也糊塗一時，因為服用過多含有重金屬物質的丹藥，不幸中毒過世，只活到五十二歲。

可是，唐朝的皇帝並沒有記取教訓，依然四處網羅方士進宮，讓他們煉製丹藥，或是派人尋訪仙跡，結果是耗費了鉅資，卻不能換得長命百歲。

例如：唐憲宗將一個自稱超過百歲的方士柳泌奉為仙人，由他負責煉丹。當時的宰相裴麟曾經出面阻止，卻引得皇帝大怒：「大膽賊子，難道你不希望朕長生不死嗎？」「聖上，微臣斗膽以為，天下並無不死之藥，只有養生之道。」「住口！你即刻出京，朕不想再看見你。」

為了羽化成仙，唐憲宗聽不進任何勸諫，任由柳泌擺佈，後來因為服食柳泌調製的丹藥，把自己弄得是百病纏身，苦不堪言，四十三歲時一死以獲解脫。

根據歷史記載，唐朝共有六個皇帝死於服食丹藥，除了太宗、憲宗，還有穆宗、敬宗、武宗及宣宗。因為，總還有一兩例因丹藥而長生的例子，給予眾人無限希望。相傳唐朝的女皇帝武則天，晚年專寵張氏兄弟，原因之一，就是女皇服食了兄弟倆調製的丹藥，不僅自覺返老還童，而且還活到八十二歲，確實令人稱羨！所以，皇帝根本無法抗拒丹藥的誘惑，而迷信丹藥導致中毒染病的皇族、大臣、鄉紳名仕，簡直是不計其數。甚至連位居「唐宋八大家」之首的韓愈，都難逃此劫。

韓愈曾經眼見服食丹藥而亡的例子。他在文章中敘述這些人病發時的痛苦，是「服水銀得病，唾血十數年以斃」、「狂痛號呼乞絕」。也就是說，那種肝膽俱裂的痛苦，唯有一死才能尋求解脫。可是，韓愈明知丹藥對身體有害，卻還是願意以身試藥，可見他對長生不死的期待，仍深陷迷思；韓愈畢竟未能如願，最後因為硫磺劇毒一病不起，想必承受了極大的痛苦，詩人白居易還特別為文祭悼：「退之服硫磺，一病竟不痊」，表現出絲絲不捨。

這種服丹藥求長生的方式雖然荒謬，但在煉丹的過程中，卻讓人們對各種礦物有了更多了解。唐憲宗時的《石藥爾雅》，就是一部詳細記載礦物的辭典；而方士們所使用的煉丹器具，也發展成現代科學的實驗設施。各種礦物質混合後產生的化學反應，更成為科學研究的根據。例如，煉丹時重要的材料：硝石，和硫磺及碳粉混在一起，便會產生爆炸的效果，如此導致火藥的發明，對後世影響極大。

這批方士的無心插柳，還真是功不可沒。

歐洲的科學家曾將中國的煉丹術當成化學的原始形式，例如：他們在十三世紀製得的金屬砷，七世紀中國的唐朝就已獲得。一些著名的醫生也是煉丹專家，例如：東晉的葛洪，梁朝的陶弘景和唐代的孫思邈等便是。

服食丹藥的風氣，延至五代依舊不衰。無獨有偶，歐洲十五世紀的一位醫生帕拉賽爾蘇斯（Paracelsus）也相信煉丹之說。他認為人體是由硫、汞和鹽這三種元素所主導，所以，從礦物質裡可以提煉出使人長生不老的成分。帕拉賽爾蘇斯在行醫的過程中，大量使用化學藥劑，結果是病未治癒，反而醫死了不少人。

中國在宋朝之後觀念有所轉變。宋朝人繼續煉丹，卻不隨便服用，甚至大聲疾呼：「錯修鉛汞，費財破家，損身喪命，傷風敗教。」他們提倡抱玄守一，存神閉息，吐故納新，採日月精華的方式進行，演變至今，便是各式各樣的「氣功」。氣功或許並非長生之術，卻是養生之道，行之無害，足以流傳永遠。

隋唐時期

「滿城盡帶黃金甲」——黃巢

「黃巢之亂」的戰火綿延大壁江山，將領個個囂張狂妄，大唐國勢一蹶不振。

「漁陽鼙鼓動地來，驚破霓裳羽衣曲。」詩人白居易不朽的名作《長恨歌》裡，提及重創大唐國勢的「安史之亂」，此後天災人禍不斷。到了西元八七四年，年僅十二歲的唐僖宗即位，他是個貪吃好玩的皇帝，根本不關心國家；而宦官田令孜大權在握，可以隨意任命官吏，肆意搜括民產，皇帝坐視不管，還尊稱田令孜一聲「阿父」。此時朝廷裡奸臣當道，地方上則是戰亂不止，再加上水旱災的肆虐，百姓飢寒交迫，甚至是野有餓殍。

僖宗皇帝的興趣是擊毬、鬥雞、賽犬，甚至賭博。此外，他對音律略通一、二，喜歡和宮裡的樂工歌伎混在一塊兒，根本懶得理會大臣呈遞的奏章。「陛下，關東連年大旱，糧食不足，百姓們苦不堪言，臣等以為……」大臣的話還沒說完，皇帝便揮手示意眾人離開。這時候，田令孜立刻扯著喉嚨大喊：「聖上理政操煩，爾等不可再驚擾聖駕，退朝！」

大臣面面相覷，他們所言不虛，關東地區不僅天災為患，而且，地方官員還知情不報，依然向人民收稅。依照當時的規定，官員收稅的多寡，關係到他日後的升遷。所以，明知百姓賣兒賣女也繳不清賦稅，地方官還是硬著心腸催討，人民走投無路，被逼得只好造反，僖宗乾符二年（西元八七五年）的「黃巢之亂」便是一例。

黃巢是曹州人氏，從小資質優異，念了不少書，原本以為可以經由科舉考試當官，沒想到屢考屢敗。「想要進士及第竟是如此艱難，莫非我這一輩子都無官運？」黃巢閉門苦讀，卻對未來充滿惶恐。這時候，北方已經有王仙芝率眾發動叛變。這王仙芝是個販售私鹽的鹽梟，為了躲避官府的追緝，本來就常做一些為非作歹的事，這會兒官逼民反，王仙芝的勢力大增，不少災民加入叛軍的行列，王仙芝還給自己加了一個封號「天補平均大將軍，兼海內諸豪都統」。

黃巢眼見朝廷的軍隊兵敗如山倒，便也從家鄉山東起兵響應，沒想到竟然勢如破竹。「這皇帝老兒派來的軍隊紀律散漫，缺乏訓練，毫無戰鬥力，根本不是我的對手。想不到我黃巢的前途，竟然是征戰四方，建功立業。哈哈！枉費我苦讀了許多年，當官兒又如何？哼！如今我要飛黃騰達，躍登龍椅。」黃巢狂笑不已，自認為可以改朝換代，當個開國之君。

黃巢和王仙芝會師以後，一路轉戰各地，跟隨群眾已多達數萬，京師為之震動；王仙芝戰死後，黃巢獨領風騷，在嶺南沿海一帶大肆搶掠，地方上慘遭屠戮。

接著，黃巢轉攻中原重鎮洛陽。唐軍將領劉允章站在城樓，看到黃巢的軍隊士氣如虹，自己轄屬不過是老弱殘兵，乾脆率領文武官員出城投降。不久，黃巢便順利攻下洛陽。這時，黃巢準備進攻大唐的都城長安，唐僖宗和宦官嚇得竄逃到成都，黃巢便占領了長安，自稱為「大齊皇帝」。

黃巢正氣凜然的對百姓們說：「我起義推翻昏君，就是為了大家，你們放心吧！往後絕對可以安居樂業，過著太平的日子。」他誠心誠意表達出對百姓的關切，還沒收了官宦人家的財產，再發送給窮人，立刻廣獲支持。

不過，黃巢無法駕馭他的部下，燒殺搶掠時有所聞，黃巢只顧著編織自己的皇帝夢，缺乏長治久安的計畫；也沒有人才協助他一統江山，「洗城」式的大屠殺，其殘暴在歷史上，堪稱少見，致使萬民惶恐難安，也讓這次的官逼民反，蒙上永難洗刷的恥辱。

後來，黃巢的部將朱溫歸降唐朝，而沙陀人李克用也領兵效忠唐室，使得岌岌可危的大唐終於有了轉機。於是，唐僖宗決定出兵反擊，僖宗中和四年（西元八八四年），黃巢兵敗自殺，唐僖宗再度奪回政權，卻無法力挽狂瀾，重振朝綱。

綜觀這長達十年的「黃巢之亂」，戰火綿延大壁江山，也造成八百三十萬人的死亡。之後擁兵自重的將領個個囂張狂妄，朝廷欲振乏力。唐僖宗之後的唐昭宗，甚至慘遭降將朱溫殺害，大唐國勢從此一蹶不振，西元九〇七年，朱溫篡唐自立為帝，建立了梁朝，五代十國從此開始。至於黃巢所留詩集，確實流露出獨樹一幟的才華，最被人琅琅上口的，便是〈不第後賦菊〉：「待到秋來九月八，我花開後百花殺；沖天香陣透長安，滿城盡帶黃金甲。」以及〈題菊花〉：「颯颯西風滿院栽，蕊寒香冷蝶難來。他年我若為青帝，報與桃花一處開。」

「芙蓉如面柳如眉」——婦女妝容

唐朝婦女流行畫眉，壽陽公主的「梅花妝」，更一時廣為流行。

女為悅己者容，女性為了花容月貌費盡巧思，中外古今皆同，但妝扮的方式卻隨著時代變遷有所不同。現在化妝品堪稱是琳瑯滿目，卻多少摻雜化學合成物質，若論及純屬天然製造，則以中國古代為最。例如：屈原在《楚辭》中寫著：「粉白黛黑」，說明戰國時期的婦女，已經懂得在臉上塗粉描眉，她們所用的粉底，是用米穀研磨而成，叫做「米粉」；另一種則是糊狀的面脂膏，含有微量的鉛、錫等化學成分，叫做「鉛粉」，雖然不如米粉來得自然，但鉛粉美白的效果極佳，不易脫落且持久保濕，又因為含有多種礦物質，所以能夠保存多日不壞，深受大家喜愛；此外，皇宮裡的佳麗們爭妍鬥豔，為了博取君王重視而無所不用其極，除了臉敷白粉增加秀麗，還在粉中添加了花香。例如：魏晉南北朝時期，米粉中摻入葵花子汁、麝香以及茉莉花水，合成了「紫粉」，散發出清新誘人的香氣，讓聞者心曠神怡！

到了清代，米粉被研發製成珍貴的珍珠粉，塗抹之外還可以食用，慈禧太后就特別鍾愛此物，每天除了用玫瑰花露浸泡雙手，還用珍珠粉做全身的保養，使得皮膚是吹彈可破，晶瑩剔透。

「懶起畫蛾眉，弄妝梳洗遲，照花前後鏡，花面交相映，新貼繡羅襦，雙雙金鷓鴣。」這是花間派詞人溫庭筠的作品，描述唐朝婦女流行畫眉，並在貼身的衣物上繡製花鳥圖案，不僅增添魅力，也趁機彰顯自己的繡工技巧，可說是一舉兩得。

早期的眉筆是燒焦的柳樹枝，還真是自然的尚好！因為柳樹枝製成的眉筆較粗，而另一種深黑色礦石「石黛」，則需要研磨後摻水調和使用，所以古代婦女描繪的眉型較為粗獷，只有漢賦名家司馬相如的妻子卓文君，不僅才貌雙全，而且善於裝扮，她的眉型畫得靈巧自然，獨樹一格，當時有記載說：「文君眉色如望遠山，時人仿畫遠山眉。」

兩漢之後的中國陷入長期分裂，中原戰亂頻仍，但大規模的胡漢融合悄悄進行，胡風影響所及，婦女的眉型又轉為粗獷。例如：晉朝畫家顧愷之作品「女史箴圖」裡的美女，大都呈現闊八字眉的眉型；到了西元七世紀的隋朝，因為從波斯進口了昂貴的「螺子黛」，價格以黃金論定，但宮女妃嬪卻爭相搶購。

「螺子黛」是一種經過加工製造的礦物質粉末，已經雕成形狀固定的黛塊，不必再加水攪拌，畫眉時特別好用，婦女的眉形才開始變細變長，表現出女性柔美的一面，白居易在作品《長恨歌》裡，描述深受皇帝寵愛的楊貴妃，便是「芙蓉如面柳如眉」。

西元前二世紀時，因為絲路的開通，使得原產於匈奴疆域焉支山的「紅藍花」傳到中原，婦女們從花瓣中萃取出汁液，把黃色的部分汰除，而獨留紅色的汁液，再精煉成粉末，便是抹在面頰上的胭脂。因為紅藍花得之不易，較為容易栽種的石榴花，也是製作胭脂的素材。

除了平常的一般裝扮，古人也有別出心裁的創舉。例如：西元五世紀南朝宋武帝的女兒壽陽公主，就流傳著一段浪漫的故事。

一個乍暖還寒的春日，壽陽公主慵懶的斜倚在廊簷下，此時陣陣清風拂面，樹梢的梅花飄落，正好落在壽陽公主的眉間，染出一朵梅花的花形。

「公主殿下，好美啊！」「是啊！隨風飛舞的花瓣，可不就像是落英繽紛的花雨嗎？」公主說道。「公主，奴婢是說您額前的『梅花妝』呀！」壽陽公主伸手揮落花瓣，卻抹不去暈紅色的梅形，三日洗之不褪，宮女們嘖嘖稱奇。此後，仕女便流行在額頭眉間繪上一朵紅梅，稱為「梅花妝」或是「壽

陽妝」，一時之間廣為流行。

除了梅花妝被納入彩妝，色澤嬌豔欲滴的桃花，也深受婦女的青睞。唐朝詩人岑參在作品中寫道：「朱唇一點桃花殷。」就是形容女性喜歡以唇蜜增加美感，讓雙唇像桃花一般誘人，其原料也來自於各種花瓣，再添加油脂凝結而成，製作過程頗費周章，有時也可以用胭脂來代替，這就是最早期的口紅。七世紀的唐朝經由中日文化交流，輕點朱唇的化妝方式，也傳到朝鮮等地，對東亞一帶影響頗大。

唐朝是中國紡織史上的黃金時代，布料可分成綾、羅、紗、錦等數種，每種還可細分為九個等級。而楊貴妃又代表著盛唐時期的巔峰，她的個人風格也能引領風潮，比如她喜歡黃色長裙，肩上披著紫色長巾，微露酥胸更添嫵媚。原本婦女們習以紅衫配綠裙或是紫裙，用色對比鮮明，稱之為「石榴裙」，楊貴妃的服飾講究，帶動長裙的流行風潮。婦女為了飄逸雍容的效果，裙子講究印染織花，再加上打褶拖曳，既費工時又耗布匹，所以曾有為官者李德裕下令規定：「裙曳地四、五吋者，減三吋。」杜絕奢靡的風氣。

唐朝文化兼容並蓄邊疆各族的精髓，傳統的封建禮教觀念淡薄，婦女可以自由的參加社交活動，或像男子一樣騎馬奔馳，出遊狩獵，若是穿著曳地長裙甚是不便，所以她們穿戴起胡人衣帽，或是換穿男裝；加上此時的社會風氣開放，對婦女的約束不及以往，她們可以自行設計出一些露肩、裸背、袒胸的短版上衣，把體態之美大膽示人。不過，當時的審美觀是以豐腴肥胖為美，和當今名模們的骨感之美可真是天壤之別了。

宋朝從立國之初便對邊疆異族多所讓步，以至於賠款的數額龐大，平民百姓必須勤於勞作，婦女也是農事生產的主力，所以她們放棄飄逸優雅的長裙，改以剪裁合身的樣式，既可以節省布料，又便於行動，其實還頗能展現曲線畢露之美呢！

明朝的風氣保守，禮教約束了婦女的創意，加之以纏足風氣盛行，「行不露足」的原則讓裙襬又變長了；直到清朝以滿族服裝領導趨勢，長裙才逐漸被旗袍取代。不過當時的旗袍是直筒式設計，和如今收腰高衩的性感風韻迴然不同。但不論哪朝哪代，服飾妝容如何各彈各的調，愛美的天性讓女生的衣櫃永遠少一件衣服！

宋元時期

中國第五大發明——科舉制度

科舉制度造成中國社會的重學之風，有助於社會文化水準的提升。

考試制度起源自隋朝，盛於唐朝。當時曾流傳著一則故事：一個名叫公乘億的人，一輩子寒窗苦讀，參加了一場又一場的科舉考試，總是屢試不第。後來，他的盤纏用盡，便在長安城裡打些零工，勉強維持溫飽，但他依舊醉心科考，盼得金榜高中。

轉眼間十多年過去了，他的頭髮白了，容貌蒼老了，卻仍是一事無成，以至於無顏返鄉。「求取功名未果，何來面目與父老相見？」公乘億鎮日長吁短嘆。有一天，他生了一場大病，鄰人聽說他快死了，於是問出他的故鄉所在，通知他的妻子到京城來處理。

公乘億的妻子在家苦守了這些年，終於得到丈夫的消息，趕忙收拾細軟進京。這一路行來耽擱了個把月，公乘億的病已經好了大半，他任意行走於途，正好與妻子相遇。但是，由於彼此分別的時間太長，只覺得對方似曾相識。「敢問您是？」「實不相瞞，在下也覺得您頗為面善，冒昧相問，您可是……」兩人欲言又止，都怕因為錯認造成誤會。說了好半天，才知道彼此正是夫妻。公乘億仕宦之路中斷，和妻子卻能久別重逢，也算是美事一樁。

為了求取功名而終生碌碌，甚至妻離子散的故事，在古代不知凡幾！當然也有富家千金愛上窮書生，兩人私訂終身未果，最後窮書生取得功名而得美眷，眾人皆大歡喜的結局。例如：《西廂記》的崔鶯鶯，便是有幸覓得良緣。因為，「萬般皆下品，惟有讀書高」，這是科舉制度在中國存活了一千三百多年，所造成的價值觀。直到西元一九〇五年，清廷下令改革，廢除科考，科舉考試才終於走入歷史。

今天雖無科考，時人強調「全人教育」、「多元社會」，以及「行行出狀元」，但仍不時把高、普考、聯考、基測，和古時的科舉制度作比較。所以，考試的影響仍是綿延不絕……。

追溯中國的任官制度，正式記載起自漢武帝元光元年（西元前一三四年），開始實施薦舉孝廉。由地方推薦賢良方正的人才，這是讀書人仕進的主要途徑。可是，東漢開始出現推舉不實的弊病，朝廷經常所得非人。到了魏文帝曹丕延康元年（西元二二〇年），實施「九品官人法」，由門閥世族把持官吏的評選大權，將士人分成上、中、下九個等級，而以家世背景為評選首要，才德能力卻不受重視。

「九品官人法」導致魏晉南北朝期間，豪門子弟個個身居要職，卻未必具有真才實學。這種弊端造成「上品無寒門，下品無世族」的門第觀念，也讓朝廷失去才德兼備的能人志士。直到隋文帝開皇七年（西元五八七年），開始進行分科考試，社會的公平性才逐漸增加。

隋煬帝時期設置進士科，中國的科舉制度正式誕生。讀書人經由這種拔擢的方式，不僅個人「十年寒窗無人問，一舉成名天下知」，國家也甄選出真正的人才。

唐、宋以後，科舉成為延攬官員入閣的主要形式，士人的教育、考試、入官，都緊密的與科舉聯結。因此，有人便稱科舉制度是中國繼造紙、火藥、印刷術和指南針之後的第五項發明。

不可否認的現象，是讀書人為了飛黃騰達，在考場中作弊的伎倆也層出不窮；而政府為了防範作弊，挖空心思創設出「鎖院」（如同今日的入闈）、「彌封」、「搜身」、「謄錄」等等方式，以確保其公平。不過，依恃特權的情況還是時有所聞，甚至如大文豪蘇軾，也都有舞弊之嫌。

宋哲宗元祐年間，蘇軾的門生李薦進京趕考，當年的主考官是蘇軾，另一名考官是蘇軾的弟子黃庭堅，所以李薦信心滿滿，自以為必能高中、榮登金榜，不料他卻名落孫山，李母因而憂傷病逝。事後蘇軾和黃庭堅都愧疚不已，蘇軾為文道：「平生漫說古戰場，過目還迷日五色。」黃庭堅也說：「遂失此人難塞責。」若不是他們一心包庇李薦，想要掌握全局，事後又何必如此自責？

科舉考試奠定了古代中國文官制度的基礎，其特色是自由報名、公開測試、平等競爭，最大的優點就在於公平。「朝為田舍郎，暮登天子堂。」根據統計，宋朝時布衣得以入仕的機會，高達百分之五十。所以，科舉可說是中央集權社會中的平民政治，日後許多歐美國家的文官制度，也取法了中國科舉制度的一些優點。

科舉制度還造成了中國社會的重學之風。不論是高官還是平民，富人還是窮人，都對教育極為重視。自古人們就把金榜題名，認為是光宗耀祖的事，讀書人也以「書中自有顏如玉，書中自有黃金屋」來激勵自己。鑿壁借光、懸梁刺股，正是讀書人努力的寫照；而功名、地位、財富與權力的獲取，都必須藉助科考的成全。所以，讀書的人數直線上升，宋朝的中央官學、州縣學、書院及各種私塾空前發展，確實有助於社會文化水準的提升。

不過，這種僵化的制度，重挫了中國的科技發展。明、清以後，士人為了求取功名，鎮日埋首四書、五經，鑽研刻板的八股文，卻不關心國計民生。只見齒危髮禿的老秀才，顫顫巍巍的孜孜不倦，他們的思慮想法蔽塞，行事風格守舊，對國家社會所做的貢獻，或許還不及一介平民所研發的工具和書籍呢！例如：不求仕進的醫學名家李時珍、發明家宋應星，他們放棄科考入仕，而將畢生心血灌注在著述《本草綱目》和《天工開物》中，其影響更是源遠流長，更令後人欽佩不已！

半部《論語》治天下——趙普

趙普對趙匡胤的輔助之功，一是策劃「陳橋兵變，黃袍加身」，另一則是「杯酒釋兵權」。

宋太祖趙匡胤建國次年（西元九六一年），杜太后病危，急召太祖入宮。太后氣若游絲，卻一字一句的說道：「國有長君，此乃社稷之福。日後你要傳位給二弟光義，再傳三弟光美，明白嗎？」太祖跪在母親榻前，垂眉低首淚流不止，恭敬的回答：「兒臣謹記母親教誨。」可是，心裡不禁遺憾：「母后對朕的兩個兒子德昭和德芳隻字未提，只顧念著兩位皇弟。德昭已經十二歲了，將來未必是『國無長君』。母后的心思真叫人猜不透！」當時樞密使趙普在一旁記錄太后遺命，並將之收藏在金匱中。只不過，這份「金匱誓書」卻是一樁千古謎案的肇因……。

趙普是幽州薊縣人，後來遷居洛陽，開始潛心向學。他的個性靈巧機變，善於應對，卻不能專心學問，所以學養不足。「孩子，我看你根本不是讀書應考的材料，倒不如善用你機智權變的特質，學習吏事以謀生，日後才能養家餬口。」趙普的父親頗有先見之明。

唐末五代天下大亂，趙普投奔後周大將趙匡胤，很得匡胤器重，且和趙氏家族情同骨肉。有一次，匡胤父親染病不起，匡胤征討在外，光義、光美兄弟年幼無知，家事的張羅和趙父的飲食照顧，全賴趙普一手打理，匡胤的母親杜氏十分感動。難怪趙匡胤稱帝以後曾說：「國有大事使之謀之，朝有宏綱使之舉之。」

趙普對趙匡胤的輔助之功，一是策劃了「陳橋兵變，黃袍加身」，讓匡胤在眾人的簇擁下登基稱帝；另一則是「杯酒釋兵權」，讓宋太祖能夠貫徹「強幹弱枝，集權中央」的基本國策，從此高枕無憂。所以，宋太祖和趙普名為君臣，有時更像家人。太祖經常帶著弟弟晉王光義，於退朝後直奔趙家，品嘗趙普妻子的拿手好菜，三人親密無間，和樂融融。

不過，有些大臣看不起趙普是小吏出身，肚子裡沒啥學問，便在背後譏諷他是「寡學術」的鄉巴佬。趙普位高權重，卻有自知之明，知道如何藏拙。他平日不願和大臣們一逞口舌之利，倒是善用公餘的時間，埋首苦讀，日積月累果真增進了學識，與人對談時更見敏銳。有一次，同朝大臣發現趙普

宋
論語

的書箱裡只放了一部《論語》，竟然別無他物，大家便流傳著一句笑話：「趙普半部《論語》治天下。」

趙普久居宰相一職，意圖巴結的人多了，趙普收受餽贈的傳聞不脛而走，讓太祖對他的操守產生懷疑。太祖後來在朝中增設了一些官職，藉以瓜分宰相的權力。趙普洞悉皇帝對他的猜忌，轉而支持晉王光義，這讓太祖更添疑慮。「趙普明知朕的儲君未定，卻去附和晉王羽翼！」太祖心裡一直想把王位傳給兒子德昭或德芳，卻又感念光義協助自己打天下的功勞，真是左右為難。

太祖將趙普罷官驅逐出京，趙普暫時躬耕自給。但是，西元九七六年的一場宮闈鬥爭，將趙普又捲回權力的核心。

那是一個朔風凜冽的深夜，太祖突然召見晉王光義入宮覲見。太祖屏退了左右侍從，獨自和晉王議論國事。兄弟二人先是斟酒對飲，既而發生爭吵，守在殿外的太監宮女，看見殿內燭火搖曳，晉王突然起身後退，似是躲避。接著聽到太祖手持鎮紙的玉柱，用力往地上一摔的破裂之聲，此時太祖振聲高喊：「你好自為之。」然後晉王重回座位，兄弟又續飲酒，直到晉王告退回府，太祖才解衣就寢。

次日凌晨，太祖離奇駕崩，年僅五十。皇后宋氏得知消息，立刻派太監王繼恩出宮。「快宣皇子德昭入宮。」此時的德昭已經二十七歲了。

這王繼恩不知是蓄意還是無意，竟然不找德昭而來到晉王府，在門口巧遇精通醫術的程德玄，兩人一同入內求見。此時晉王徹夜未眠，正在信筆塗鴉，似乎預知將有大事發生。

晉王入宮為兄長發喪的當天便登了基，他就是宋太宗，這時他三十八歲。太宗召回趙普為太子太保，並以三弟光美為王儲。至於趙匡胤的兩個兒子德昭和德芳，雖受封侯，卻不是王位繼承人。

趙光義的即位是否為預謀？他可曾收買了太監王繼恩，命其通風報信？又安排了醫生程德玄下藥？以至於毒殺兄長篡得帝位，趙普正是其中的關鍵人物。因為，當年存放杜太后的「金匱誓書」遲遲不出，五年後才由趙普解密。這份遺詔究竟是真有其事？還是宋太宗與趙普自導自演的一番說辭？恐怕也只有這二人才是真正的心知肚明。

「斧聲燭影」一直是歷史上的一大懸案。趙普精心策劃了一切，並且向太宗慷慨陳辭：「微臣以半部《論語》，相助太祖皇帝打天下；今則以半部《論語》為陛下治天下。」但他不久遭罷，看來太宗對他仍有所忌。至於太祖的長子德昭，在叔父登基不久後自殺，年僅二十九；數年後其弟德芳暴卒，只有二十三歲。宋太宗將兄長的後代斬草除根，更增添了他弒兄篡位的疑點重重。

趙氏兄弟中唯一所存的三弟光美（後改名為廷美），也以意圖謀反的嫌疑獲罪，舉家受到牽連，三十八歲時病逝。太宗此時宣稱：「齊王廷美並非杜太后生養，其子嗣永無皇位承繼之可能。」

宋太宗全力輔佐自己的兒子，又召回趙普教導兒子元僖。此時趙普已經是六十多歲的老人了，老驥伏櫪，難與當年相比，因此三度遭罷，西元九九二年病逝，年七十一歲。宋太祖「黃袍加身」？宋太宗「金匱誓書」？歷史之謎將隨著趙普的逝去而永遠無解……。

自導自演的宋眞宗

所謂天書、符命和祥瑞之物，全是這一幫人所造的假，他為了配合演出，繪聲繪影彷彿是煞有其事。

「陛下神武，將臣協和，若大駕親征，敵當自遁。」宰相寇準懇切陳述。此時宋朝北境的契丹族大舉進攻，滿朝文武議論紛紛，甚至有人主張遷都以避戰火。「聖上御駕親征非同小可，臣等以為，契丹人貪財好貨，只要賞賜銀兩使其滿足，便能長治久安。」寇準聽聞立即反駁道：「萬萬不可！遷都避禍必使人心崩潰，屆時敵人長驅直入，豈是蒼生之福？」「夠了！你們先退下，讓朕思考一番。」宋真宗不耐煩的揮揮手。

宋真宗趙恒是宋朝的第三任皇帝。他的父親趙光義，是宋朝開國皇帝趙匡胤的弟弟。趙匡胤在西元九五九年建國稱帝，是為太祖。十七年後病逝，年僅五十，皇位便由二弟光義繼承，是為太宗。

關於宋太宗即位的過程，史書上的記載是眾說紛紜。因為太祖的兩個兒子德昭和德芳都沒有得到皇位，後來死得不明不白，而且都沒超過三十歲。至於太祖的三弟光美，也在太宗即位之後的第三年暴斃，年僅三十八歲。所以，光義趁著兄長病重之際圖謀帝位，甚至做出弒兄舉動的說法甚囂塵上，此即成語「斧聲燭影」的由來。

宋太宗在位二十二年，期間一心收復邊防重鎮「燕雲十六州」。「我朝立都汴京（今河南開封），地勢平坦無險可守，僅以黃河為恃，一旦敵軍長驅渡河，我軍又將如何？」「陛下英明，這十六州位於內外長城之間，崇山峻嶺形勢險要，是我朝的天然屏障，目前卻操控於契丹之手，我軍勢在必得！」大臣們一番慷慨激昂的論述，顯得義薄雲天；其實，自從太祖訂定「重文輕武」的政策以來，宋朝的軍隊不善征戰，根本不是契丹人的對手。

例如：太平興國四年（西元九七九年）的「高梁河之役」，宋軍死者上萬，太宗被流箭所傷，倉皇遁逃期間一度失蹤，幸賴大將楊業奮勇救駕成功。可是，這一役軍備武器的損失卻是難以估計。

數年之後，宋軍主將楊業陣亡，太宗深表痛惜：「朕追封楊業太尉以彰其功。」這便是民間傳奇小說「楊家將」，或稱「楊門女將」的故事由來。

宋太宗終究無法收復燕雲，而於西元九九七年病逝。由於太宗的長子久病、次子早逝，王位便由三子繼承，他就是宋真宗趙恒。因此，這個皇帝寶座，可真像是天上掉下來的禮物。

可是，宋朝積弱不振的現實層面是極殘酷的。契丹族早已建國號為「遼」，連年入寇騷擾，使得北境慘遭蹂躪。

這一次，遼聖宗親率大軍直抵澶州（今河北濮陽），時為景德元年（西元一〇〇四年）。由於宰相寇準力主皇帝親征，宋真宗勉為其難的到了澶州南城，召見諸將撫慰。將士們遙望聖駕親臨，士氣受到鼓舞，一時間歡聲雷動，震撼山河，讓遼聖宗大為顧忌，不得不遣使求和。這便是歷史上著名的「澶淵之盟」，宋給遼銀兩、布匹等物資，兩國約為兄弟之邦，雙方維持了一百多年的和平。

不過，御駕親征畢竟是一件危險艱苦的差事，大臣王欽若看準了皇帝的心態，開始對寇準大肆抨擊：「寇準不顧聖上安危，執意讓陛下親臨前線，幸賴天助，讓契丹棄戰乞和，否則後果真是不堪設想。」宋真宗本來儒弱厭戰，聽了這些讒言，從此疏遠寇準而重用王欽若。

宋真宗經常怏怏，以未能成就大業為不樂。於是，王欽若趁機建言：「陛下若真想修得四境安康，諸夷不敢來犯，何不以封禪祭天的方式，取威信於天下？」宋真宗果然被打動了。從大中祥符元年（西元一〇〇八年）開始，四方不斷出現「天書」、「祥瑞」的事件，真宗決定親赴泰山舉行封禪大典，這一來一往耗費了將近五十天，花費直逼八十餘億。此後士大夫爭獻符瑞，數年之間，宋真宗奔波祭祀后土、奉祀五嶽神祇；又為了安置這些象徵祥瑞的天書和符命，朝廷在各地廣建道觀，其中最具規模的「玉清昭應宮」金碧輝煌，歷時七年始告完工。這些鋪張的宗教活動，幾乎把太祖和太宗皇帝兩朝的積蓄給消耗殆盡。

「微臣愚昧，不解祥瑞。天何言哉？豈有天書降於世？」當忠心的大臣斗膽上奏時，宋真宗默然不語。他心裡當然清楚，那些所謂的天書、符命和祥瑞之物，全是王欽若這一幫人所造的假，他為了配合演出，不斷告訴臣民受到神明托夢的指示，還鄭重的讓文人學士編寫了五十卷的《降聖記》，自己又寫了〈聖祖降臨記〉，敘述神仙降臨的經過，繪聲繪影的彷彿是煞有其事。

宋真宗只活到五十五歲，似乎並沒有受到這些祥瑞的庇佑。他死後雖以天書、符命陪葬，不過他的在天之靈一定明白，那些全是他自導自演的道具。後來，「玉清昭應宮」遭雷擊焚毀，繼任的宋仁宗下令不得翻修整治，免增財政負荷，就讓一切如煙消散！

宋元時期

「先天下之憂而憂」——范仲淹

「小范老子，胸中自有十萬甲兵。」說明范仲淹德威遠播的事實。為了關注民間疾苦，他提出輕傜役、厚農桑、興學校的具體措施。

「碧雲天，黃葉地，秋色連波，波上寒煙翠。山映斜陽天接水，芳草無情，更在斜陽外。黯鄉魂，追旅思，夜夜除非，好夢留人睡。明月樓高休獨倚，酒入愁腸，化作相思淚。」優美的文句，描繪出騷人羈旅的浪漫蕭瑟，其作者是宋朝著名的軍事家兼政治家范仲淹。

范仲淹和北宋名臣包拯同朝。後人對「包青天」耳熟能詳，對范仲淹的印象，可能只侷限於他在〈岳陽樓記〉一文中的兩句話：「先天下之憂而憂，後天下之樂而樂」。

范仲淹字希文，出生在江蘇，兩歲喪父，母親孤苦無依，便改嫁山東朱氏，范仲淹也隨之更改姓名為朱說。不過，由於他對生父幾無記憶，繼父又將他視如己出，所以他一直不清楚自己的身世。

年長之後，范仲淹逐漸從親族的口中，得知自己寄人籬下的事實。「男兒志在四方，但我不僅改了姓氏，辱沒范氏列祖列宗，也讓親生母親為了溫飽而改嫁他人，真是大逆不道。」於是，范仲淹改回本名，跪在母親跟前說道：「孩兒不肖，當年無法善盡孝道，讓您有所依靠；如今孩兒多添了數歲，決定離家自立。日後如能有所圖謀，必將報效國家，也讓您得以安享晚年。」范仲淹拜別了母親，揮淚離開家園，開始他的苦讀生涯。

范仲淹寄宿在廟裡，鎮日專心課業。他的生活刻苦，成語「斷虀畫粥」就是形容他此時的處境。范仲淹一則為了寡慾，更為了節省開支，便把一份粥先放置涼稠了，再分割成四份，每一份冷粥撒上一層薄鹽，搭配幾支野菜，便足以充飢度日了。

到了宋真宗在位期間，范仲淹進士及第，這時他二十六歲，終於踏上仕途。

宋仁宗即位以後，范仲淹以龍圖閣直學士的身分經略陝西，鎮守邊關數年，使得強敵西夏不敢相擾，確保了邊境的安寧。

「小范老子胸中自有十萬甲兵。」、「軍中有一范，西賊聞之嚇破膽。」是當時流傳的兩句俗諺，正足以說明范仲淹治軍嚴明，德威遠播的事實。

不過，此時的朝廷，卻面臨更大的危機，那就是自從太祖建國（西元九六〇年）以來，因為「重文輕武」、「強幹弱枝」政策的實施，使得軍備鬆弛、冗員充斥、戰鬥力薄弱。面對遼國、西夏等強敵壓境，朝廷只能輸誠乞和，付出更多的錢財和物資，以換取短暫的和平，當時稱之為「歲幣」。

「我要上書朝廷，請聖上定奪，進行變法改革。」三十六歲的范仲淹擔任大理寺丞，便有此決心。范仲淹用心寫了一篇諫言，頗能切中時弊，使氣象一新。可惜此時他人微言輕，未獲君王重視。

「唉！朝政敗壞至此，微臣願盡股肱之力，死而後已。」范仲淹對自己期許。因為，他發現國力薄弱的現象嚴重，單看軍隊兵員人數這一項，就足以拖垮國家的財政。

「太祖開寶年間，擁兵三十七萬八千，到了太宗至道年間，增至六十六萬六千人，真宗時又增至九十一萬人。如今聖上擁兵一百二十五萬九千人。這百年之間，兵額擴增了三倍；令人不解的是，各地招募來的士兵，多是無業遊民和亡命之徒，即便是身在營伍，又如何有能力抵抗強寇？」范仲淹與門生每論及此，無不痛心疾首。

終於在仁宗慶曆三年（西元一〇四三年），范仲淹出任樞密副使，提出革除舊弊的十項事宜，這就是著名的「十事疏」。

「大人！大人！」門生興匆匆的跑進大堂，把范仲淹嚇了一跳。「何事讓你如此慌張？」「大人尚未聽聞嗎？宮內傳來訊息，聖上對大人所提意見欣然同意，已決定全數採納照辦。」

范仲淹聽畢不禁熱淚盈眶，如今年過半百，才真正有了報效國家的機會。於是，范仲淹從澄清吏治、富國強兵、振興教育三方面著手規劃，此即北宋前期的「慶曆革新」。

「太祖皇帝重視文人，文官是三年一升遷，武官則是五年，這種無功受祿的弊端，就是官吏不能赤膽忠心，處處敷衍塞責，爭功諉過；而高官的子弟門生都可以當個一官半職，坐享官俸，更是有失公道，必須取消。范仲淹堅定的表示。此外，為了關注民間疾苦，范仲淹提出輕傜役、厚農桑、興學校的具體措施，似乎真能扭轉劣勢。

范仲淹一番「先天下之憂而憂」的理念，卻是事與願違。那些慣享恩蔭制度的達官貴人，以及門生子弟，一旦權益遭受剝奪，便立刻對新法群起攻之；范仲淹擔任參知政事不到一年，就因怨謗叢集被迫去職，改任陝西河東宣撫使。他的諸項改革方案，多因他的去職而遭擱置。范仲淹只能望天興嘆，不到十年便去世了，年六十四歲。甫見端倪便告終結的變法改革，也讓大宋國勢蒙上一層陰霾。

范仲淹終其一生為官清正，生活簡約，人品志業皆卓絕一時，曾被後人讚譽為「天下第一流人物」。他還提攜了歐陽修、張載等後進，都在文壇享有盛名。

范仲淹卒諡文正，留有《范文正公集》傳世。他的文筆意境開闊，辭意暢達，被推為豪放派的先驅。而他憂國憂民的情操更令人欽佩，正如〈岳陽樓記〉中所言：「居廟堂之高，則憂其民；處江湖之遠，則憂其君；是進亦憂、退亦憂，然則何時而樂耶？」

「鐵面無私辨忠奸」——包拯

「包青天」為民申冤的形象深植人心，在人們心目中，早已是公平正義的化身。

「開封有個包青天，鐵面無私辨忠奸……。」大家耳熟能詳的連續劇主題曲，主角是北宋的大臣包拯，地點是當時的首都汴京，也就是現今的河南省開封市。

包拯生於北宋真宗年間（西元九九九年），是安徽合肥人士，他從小飽讀詩書，二十八歲時考中進士，也得到出任知縣的派官令；不過，他卻以雙親年事已高，需要隨侍在側，不便遠離家鄉為理由，拒絕了當官的機會。包拯的這份孝心傳遍鄉里，被稱譽為孝行楷模。此後十年間，由於父母相繼病故，包拯才無所牽掛的離鄉赴職，就任地方知縣。

包拯擔任地方官職期間，就以剛正清廉，愛民如子著稱，也立下不少建樹。相傳因為包拯的膚色較黑，所以出現「包黑子」的稱號。

宋仁宗在位期間，包拯七次上書彈劾貪官王逵，懇切的告訴皇帝：「微臣以為，清廉為萬民表率，貪贓是為民賊，為官者豈可知法犯法？」此外，包拯還三次上書，阻止外戚張堯佐的陞官一案，過程令人拍案叫絕。

張堯佐是當時張貴妃的伯父，他的能力平庸，卻仗恃著貴妃的庇護而步步高升。張貴妃入宮時僅是一名「才人」，因為狐媚惑主而得到仁宗皇帝的恩寵，還受封為貴妃，地位直逼皇后。皇帝對她言聽計從，更讓她的權勢迅速高漲。「陛下，您可別忘了答應臣妾的事啊！」「朕知道了，不就是給張堯佐加個官嗎？」皇帝一派輕鬆的回答。張貴妃滿臉笑意的跪拜謝恩，心裡洋洋得意。

正當仁宗皇帝在文武百官面前提出這個想法時，身為監察御史的包拯立刻表示反對，而且還滔滔不絕的陳述理由，皇帝雖然心裡不悅，但也覺得包拯所言甚是，結果滿朝都在聆聽包拯的發言，皇帝竟連一句話都插不進去。

之後皇帝回到寢宮，張貴妃立刻迎上前來，笑盈盈的問道：「陛下可是給臣妾捎來好消息？」只見皇帝輕嘆一聲：「唉！你不知道這個『包黑子』有多難纏，他在朕的面前口沫橫飛說個不停，朕簡直是奈何不了他！往後莫再提及此事。」這件事轟動了朝野，許多人都說，包拯不畏權勢而敢得罪外戚，確實是個有為有守的清官。

包拯在仁宗嘉佑二年（西元一〇五七年）出任開封府尹，時間不足兩年，卻因清官斷案，解除黎民百姓冤苦，一直為後世所津津樂道。

「大膽人犯，你可知王子犯法與庶民同罪之理？還不將你的罪行一一招來，還給苦主一個公道！」章回小說《七俠五義》裡的台詞，正是包拯公正執法的寫照。當時的開封府內，達官貴族子弟橫行不法，欺壓良善，一般百姓只能忍氣吞聲。更囂張的還有皇帝身邊的宦官，仗勢欺人屢見不鮮，民眾投訴無門，經常含冤未雪。例如：三司使張方平行事乖張，恣意侵占民產，而宮內太監則是廣築私人庭園，阻礙了河道的暢通，使得城內逢雨必淹，百姓苦不堪言，卻無人膽敢舉發。經過包拯的一番整飭，果真是惡有惡報。

根據《七俠五義》裡的描述，民眾只要承受冤屈，便可以攔轎喊冤，或是擊鼓鳴冤，包拯便會升堂問案；再加上他的幕僚「御貓」展昭和「四大名捕」——張龍、趙虎、王朝、馬漢，更有助於刑案的蒐證舉發。所以，不論是多麼詭譎的案件，只要經過包拯的審理，必能真相大白，將惡人繩之以法，使得人心大快！包拯因此被百姓尊稱為「包青天」或「黃河清」，又因他身兼「龍圖閣大學士」的榮銜，乃被尊稱「包龍圖」。足見他方正耿直，有為有守的品德。

包拯為官多年，曾經出任樞密副使，進入中央決策單位，可說是位高權重，但他生活簡樸，始終如布衣之時。包拯心繫民間疾苦，多次上書朝廷，請求減免賦稅，與民休養生息；又修改府衙裡的訴訟方式，讓原告和被告都能當庭對質，既可提升辦案的公正，又可杜絕不肖官員徇私偏袒，貪汙納賄的弊端。所以，戲劇裡呈現包大人端坐大堂，鉅細靡遺審理案情的畫面，並非誇大杜撰。

包拯一生清廉自持，同朝為官的歐陽修、司馬光都給予正面評價。他於仁宗嘉佑七年（西元一〇六二年）病歿，終年六十三歲，妻子董氏將他生前的奏議底稿集結成《包拯集》傳世；皇帝則因他「少有孝行，聞於鄉里；晚有直節，著於朝廷」為由，追諡他「孝肅」。

「包青天」為民申冤的形象深植人心，「包公案」的故事因此廣為流傳，其中還虛擬出包拯身跨陰陽兩界辦案，昭雪無數沉冤大獄的情節。雖然，這些光怪離奇的內容不足採信，卻充分顯現包拯在人們的心目中，早已是公平正義的化身。

壯志未酬的韓世忠

「哼！多行不義必自斃」韓世忠憤而辭職，終究完成不了「還我河山」的鴻圖大志。

「陛下，微臣早已不計生死，願與金賊奮力一搏，更願肝腦塗地，報效朝廷，還望聖上收回成命，以社稷為重，力守中原。」韓世忠長跪殿前，鏗鏘有力的陳述著。可惜，他的肺腑之言並未獲得康王趙構的採納。當金兵大舉入侵，攻破了首都汴京時，趙構便決定棄守黃河流域，而在長江流域的南京即位，他就是南宋高宗。

「愛卿有所不知，『天下者，祖宗之天下也』，朕深明此理。但如今形勢比人強，朕的父、兄已被金賊強行擄走，大好河山已成焦土，朕唯有委身於江南，暫時偏安，圖謀來日復國雪恥，才是大宋子民之福；若如將軍所言，定要堅守中原，豈不是任由金人屠戮，而永無復國之望？」宋高宗說得慷慨激昂；其實，他心裡可不這麼認為，滿朝文武官員，唯有宰相秦檜，最能明瞭皇帝的心思。

「嘿嘿！聖上遠走江南，說好聽是暫求安定，其實啊！聖上是避戰偏安，根本不想和金國一爭長短。」秦檜私底下和門生談論局勢。「如今的疆域和過去相比，已是縮小太多；加之以聖上的父親徽宗、兄長欽宗身在金國，過著牛馬不如的生活，聖上難道不想報仇雪恨，迎接父兄還朝嗎？」「這你就不懂了。聖上一再表示亡國之恥痛徹心扉，父兄身遭凌辱更令人寢食難安；但是你想想看……」秦檜壓低了聲音說道：「還有什麼事比當皇帝更威風？這二聖如果真的回來了，聖上這皇帝寶座能不讓出來嗎？這豈是他心中所願？你明白了嗎？」「老師高見！難怪聖上會向金國休戰乞和，而岳飛、韓世忠這些人不識時務，真是愚昧啊！」秦檜和門生撫掌大笑，全然忘了大宋被異族金國滅亡的恥辱。當時唯有岳飛、宗澤和韓世忠等數人，還能一心效忠，意圖驅逐金人，還我疆土。

韓世忠出生在北宋哲宗年間，家裡世代務農。他從小吃著粗糧長大，做慣了田裡的粗活兒，練就好身手，加之以體型魁梧，雙目炯炯有神，更顯得英氣蓬勃。韓世忠十八歲投身軍旅，不久便得到長官的賞識。「你勇猛不畏死，能手挽強弓，腿跨飛馬，日後必是一名勇將。」

韓世忠曾經力戰外族西夏，身先士卒斬殺敵將，逼得西夏兵眾哄散而逃，因而受到朝廷的拔擢；不過，宋徽宗時期最嚴重的外患不只是西夏，還有女真族所建立的大金國。

宋徽宗鎮日鍾情於書畫，根本不理國事，長期任用奸佞，朝政日益敗壞，金國早已虎視眈眈。等到金兵攻勢銳不可擋時，徽宗皇帝才驚覺事態嚴重，倉促的傳位給兒子欽宗，試圖力挽狂瀾。

宋欽宗召見了韓世忠，對他多所嘉勉。韓世忠在趙州（河北趙縣）之役中，果然大破金兵，讓舉國士氣為之一振。

可惜，宋朝朝政腐敗積弊已深，宋欽宗靖康二年（西元一一二七年），金兵大舉南侵，攻破了大宋的都城汴京，除了燒殺搶掠之外，還將徽宗、欽宗兩位皇帝及朝臣、皇族等數千人，一起強行擄走，北宋政權覆亡，史稱「靖康之禍」。

正值壯年的韓世忠率領一批死忠志士，效忠甫才登基的高宗皇帝，並奏請定都長安，和金國決一勝負。

可是，宋高宗畏懼金兵，竟然決定棄守中原而到了揚州。

「老臣宗澤憂憤而死，金兵將更無忌憚，我軍必須全力戒備。」韓世忠叮嚀部眾。不出所料，金兵萬人直攻揚州，宋高宗驚魂未定，避走到臨安（今杭州），宣布定都於此。

正當岳飛感慨：「靖康恥，猶未雪，臣子恨，何時滅！」的同時，韓世忠所率部眾和「岳家軍」齊名，騁馳沙場而贏得「武功第一」的稱號。他經常身披蓑衣，和將士們一起勞動，又勤加操練各種戰術，多次給予金兵當頭棒喝，使其暫時不敢南下侵擾。

宋高宗所管轄的疆域面積和以往不得相比，但在岳飛、韓世忠的戍守下，生活日漸穩定，卻也使得群臣逐漸耽於逸樂，淡忘了亡國喪家之痛，正如林升詩中所云：「山外青山樓外樓，西湖歌舞幾時休，暖風薰得遊人醉，直把杭州當汴州。」宋高宗避戰求得苟安，開始疏遠岳飛、韓世忠這批主戰派的將領，而重用主和派的秦檜。

「大金國開出條件，願意停戰和我方重修舊好。聖上仁義英明，澤被蒼生，真是萬民之福啊！」秦檜一番諂媚的論調，正好符合宋高宗所思；金人願意送還宋高宗的生母韋氏，唯一條件是：殺岳飛以利和談。

因此，就算韓世忠上奏了十多次，態度堅決的反對議和，卻仍然是事與願違。

紹興十一年（西元一一三九年），秦檜代表皇帝向金國跪拜稱臣，尊金為「上國」，每年還要向金國君主恭賀生辰華誕，如此喪權辱國的和談，史稱「紹興和議」。

「聖上蒙受奸臣愚弄，我等痛心疾首，但仍不改初衷，誓死報效朝廷。」韓世忠對部屬陳述。說到激動處，韓世忠撩開衣襟，讓大家看到他身上的箭痕刀疤，都是在無數次大小戰役中所留的見證。

「各位請看，看到我雙手僅餘八指，但我無懼無悔，願與諸位共赴沙場，殺敵復國！」將士們聽聞，無不感動，一時間呼聲雷動，「殺敵復國」之聲響徹雲霄，令人好不振奮。

但這些忠良的將領卻都因昏君的無能，以及亂臣賊子的張狂而有志難伸，就像忠心耿耿的岳飛以「莫須有」的罪名慘死獄中，滿朝文武噤不敢言；只有義憤填膺的韓世忠，敢於疾言厲色的指責秦檜陷害忠良。

有宋高宗的支持當靠山，位高權重的秦檜，哪能忍受韓世忠不留情面的謾罵呢？他心生忌恨，便開始設下重重的圈套，唆使親信彈劾韓世忠。

「哼！多行不義必自斃，我堂堂大宋朝的忠臣烈子，又何必與你們一般見識！」韓世忠憤而辭職，閉門謝客，在紹興二十一年（西元一一五一年）含恨而終，年六十二歲，無奈終究完成不了「還我河山」的鴻圖大志。

宋元時期

愛國詞人辛棄疾

滿腔熱忱揮灑在字裡行間，文風豪放、慷慨悲壯的字句蘊含民族情操，因此被稱為「愛國詞人」。

寒風刺骨的冬夜，府衙裡的大廳卻是熱鬧不已，原來是新任的知州張安國大宴賓客，招待駐守當地的金國將領。只見一道道美食伴隨著酒香，好一幅賓主盡歡的畫面，大家似乎都忘了，大宋朝敗給金人的亡國恥辱。

「在下先乾為敬，日後還望將軍多多提拔。」張安國堆著滿臉奸笑，將酒一仰而盡。「好說好說！你殺了反叛金國的軍隊統領耿京，堪稱大功一件。這十萬叛軍從此群龍無首，咱們金國皇帝日後一定會重用你，那可是享不完的榮華富貴啊！」「多謝將軍！哈哈……」

正當張安國和金人喝得酒酣耳熱之際，一名僕人走近張安國，說道：「大人，一個名叫辛棄疾的客人，自稱是您的舊識，正在廳外求見。」「哦！他怎麼突然來了……」張安國顯得有些不自在。「閣下何必驚慌？有我們如此眾多的金兵駐守，不論他有什麼能耐，都不能損傷閣下一絲一毫。更何況，辛棄疾此時求見，說不定有意投靠大金，你不妨對他曉以大義，讓他早日降金，同享富貴吧！」金國將軍大剌剌的說道。於是，張安國胸有成竹的走了出去。

一陣寒風吹來，張安國瑟縮著身子，只見辛棄疾隻身一人氣宇軒昂的牽馬站在樹下，向張安國招手說道：「大人可否借一步說話？在下有機密的軍情要呈報給大人。」

張安國不疑有他的快步向前，心裡想著：「金國將軍果然沒有猜錯，這辛棄疾竟然敢隻身前來，想必是來投靠我的。嘿嘿！管他什麼國家民族，只有這榮華富貴才誘人啊！」正當張安國靠近辛棄疾身旁時，一柄匕首冷不防的架在張安國的脖子上，身手矯健的辛棄疾立刻把張安國綑綁上馬呼嘯而去。這個賣主求榮，背叛國家的奸賊不久便遭正法，此舉轟動了朝野，讓許多抗金義軍大為振奮，而智擒奸賊的英雄辛棄疾，當時只有二十三歲。

辛棄疾出生在山東歷城，當時宋朝早已敗給女真族所建的金國，徽、欽二帝和皇族三千多人一起被擄走，歷史稱為「靖康之禍」。徽宗的另一個兒子在南方倉促即位，他就是南宋高宗。

南宋疆域侷限長江流域，大好江山被金人強占，而南宋君臣貪圖逸樂，無心對金國用兵，只有像岳飛這般的忠臣，滿懷雪恥復國的忠貞，執意與金國決一死戰，只可惜岳飛壯志未酬身先死，竟被主和派的奸臣秦檜害死！

辛棄疾的家鄉淪為金人統治，讓他從小飽受顛沛流離之苦，因而培養出一份孤忠悲憤的愛國情操。他在家鄉籌組了一支兩千多人的義軍，因為紀律嚴明而打響了名號；不過，辛棄疾不想因此居功，他率領部眾投靠勢力更大的耿京，期盼日後能有所作為。「耿將軍所率義軍人數多達二十萬，只要萬眾一心，終有一日可以光復失土，還我河山。」辛棄疾壯懷激烈，恨不得立刻和金國決一生死。就在這一片忠心赤膽中，耿京擊敗金國的進犯，義軍氣勢如虹，辛棄疾受派前往南宋首府臨安（今杭州）覲見高宗皇帝，得到皇帝的嘉許。辛棄疾立刻加速北返，心裡想著：「聖上如此看重我們，耿將軍和弟兄們一定興奮極了。」不幸的是，途中卻傳來耿京被張安國謀害的消息，辛棄疾悲憤莫名，決定殺了這個奸賊，為民除害。

誅殺張安國之計雖然成功，也顯露出辛棄疾智勇過人的才華，卻未能造就他的功業。

辛棄疾一生經歷了高宗、孝宗、光宗和寧宗四朝，他主張對金國發動戰爭，先後以《美芹十論》、《九議》等光復故土、分析敵情的論述，呈給當朝皇帝，卻始終未獲朝廷的重視，直到他三十多歲了，才在偏遠的江西、湖北一帶擔任安撫使等職。

辛棄疾每到一地，便積極的訓練軍隊，打擊貪污，建設地方，安定民生。「我這麼做，無非是在儲備實力，將來才能力抗金國，恢復大宋江山啊！」辛棄疾語重心長的表示。

不善攀附權貴的辛棄疾，不慎觸犯了當權者，後來竟被奪去官職，從四十出頭便賦閒在家。此後二十年間，這位文武全才、膽勇與智略兼備的愛國志士，幾乎完全被朝廷棄置不用，直到宋寧宗在位，辛棄疾才以主戰派元老的資歷再被任用。

此時的辛棄疾年邁持重，他主張備而後戰，不可貿然行事；但是宰相韓侂胄掌控大權，他急於表現，只知爭功媚寵，於是辛棄疾又遭到罷黜。後來，因為韓侂胄對金國倉卒用兵，果然一敗塗地，還因此大傷國力。

寧宗不得已又用辛棄疾，讓他督軍應戰，可是辛棄疾年老體衰，未及上任，便空抱著一腔愛國熱忱去世了，年六十八歲（西元一二〇七年）。

自號「稼軒居士」的辛棄疾懷才不遇，有志難伸，終其一生未見敵軍覆滅，光復疆土，無奈時多以農事為寄託，紓解自己壯志未酬的遺憾，正如他在〈醜奴兒〉詞中所述：「……而今識盡愁滋味，欲說還休，欲說還休，卻道天涼好個秋。」

辛棄疾把滿腔熱忱揮灑在字裡行間，不僅以詩文明志，也吟詠祖國河山，批評南宋君臣對金國屈辱求和的醜態。辛棄疾的筆力雄厚，文風豪放，慷慨悲壯的字句蘊含民族情操，因此被稱為「愛國詞人」，又和「唐宋八大家」之一的蘇軾並稱為「蘇辛」，留有《稼軒長短句》傳世。

宋元時期

「活死人墓」以抗金——王重陽

眼見國家大勢已去，軍事抗金無望，他便離開「活死人墓」，宣揚「全真教派」的宗教理念。

瑞雪初降，大家歡欣鼓舞的迎接新年，皇宮裡尤其是熱鬧非凡。可是，幾個年邁的老臣卻顯得憂心忡忡，搖頭連聲嘆道：「金國的勢力不容小覷，但陛下這時卻在吟詩作畫。唉！咱們大宋朝的前途……」

這時正值北宋徽宗年間，外族女真自從建立金國以來，形成宋朝嚴重的邊患。

當政的宋徽宗不善治國，終日寄情書法、繪畫，恣意享樂，甚至妄求長生之術，宋朝的國勢是每下愈況。

到了西元一一二五年，金國大舉南侵，宋徽宗發覺事態嚴重，卻又苦無對策，匆匆忙忙傳位給兒子欽宗。不到兩年間，金兵攻破大宋都城汴京（今開封），而徽、欽二帝和皇族朝臣等數千人一起被俘擄，北宋至此滅亡，史稱「靖康之禍」。

「國不能一日無主」，因此宋欽宗的弟弟趙構便在南方另立政權，是為高宗，史稱「南宋」。南宋的疆域侷限在長江流域，中原的大好江山全都被金國占據。可是，宋高宗畏懼金兵南下，根本不想興兵作戰。於是重用主和派的秦檜，並用奸計害死了主戰的忠臣岳飛。

宋高宗年輕時很是英武過人，卻從未受到父皇的倚重。一次，金人要求遣送皇子為人質，宋徽宗在自己的三十八個兒子中，挑中了趙構前往，讓趙構從此恨透了父親的無情。

不過，趙構英氣逼人的神態，竟讓金國誤以為他並非皇子，而將他釋回，改換他的五哥趙樞為質，趙樞後來便慘死在金國。只不過，如今大局已定，宋高宗再也無心征戰，一味傾向與金國議和；但是，一般的平民百姓當中，卻還有不少人抱持著誓死與金人周旋，精忠報國的忠貞壯志。王重陽便是其中一例。

王重陽是陝西咸陽人，出生於宋徽宗政佑二年（西元一一一二年）。從小家境富裕，又飽讀詩書，頗能領悟聖賢之道。又因欣賞陶淵明的高風亮節，心儀陶氏所書「採菊東籬下，悠然見南山」的詩詞，因為菊花盛開於重陽節前後，便稱自己為「重陽子」。

王重陽曾經高中科舉考試的金榜，出任過地方官，但是也經常感嘆：「如今朝政腐敗，奸宦當道，我這區區小吏能有何作為？豈能救得了天下蒼生？」

王重陽所言不假，宋徽宗寵信奸臣蔡京，搞得天怒人怨。而王重陽的個性耿直灑脫，不善逢迎拍馬，仕途也難以鴻圖大展。於是，王重陽乾脆辭官回家，從此雲遊四方。

據說王重陽在四十七歲那年，遇到仙人指點，突然頓悟生死之道，因此創立了道教的「全真教派」。他在陝西省戶縣的祖庵鎮修建了「重陽宮」，不遠處還有「活死人墓」。全盛時期的重陽宮，曾有道士約萬人之多；而「活死人墓」看似是王重陽生前為自己所修的墓穴，但其實是為了避開金人的耳目。因為「活死人墓」裡擺放了不少的糧食和武器，做為必要時抗金之用。畢竟，很少人會想要搜查墓穴，前去一探究竟吧！

王重陽在「活死人墓」裡修煉了兩年，參悟出不少哲理；又眼見國家大勢已去，軍事抗金無望，正所謂「南渡君臣輕社稷」。他便離開「活死人墓」，和弟子們四處遊走，宣揚「全真教派」的宗教理念。

道教自從東漢時期初創以來，流傳到唐、宋之際，發展的方向不同以往，反而著重在煉製丹藥，尋求長生不老的祕方。但是王重陽對此卻頗不以為然，他經常告誡弟子們說：「萬物生於天地之間，有始亦有終，豈能壽與天齊？古來多少帝王，想要追求不死之術，結果不僅勞民傷財，自己還不得善終。」

王重陽所言不僅是針對宋徽宗，還包括唐朝的憲

宗、武宗等等幾位皇帝，都因為服食丹藥，虛耗體力，終致毒發身亡。

王重陽所創立的全真教派，強調每個人都應該要修身養性，寧靜淡泊，並且力行苦己利人的宗旨，如此向內以求的修為，假以時日，自然可以益壽延年，又何必多此一舉，汲汲營營的向外求取長生之術，煉製不老的丹藥呢？

傳說王重陽當年所遇到的仙人，正是道教始祖呂洞賓的化身。仙人指示王重陽要繼續向東行走，便會遇到七朵金蓮，隱喻王重陽將會收授七名弟子，這便是道教發展史上重要的「全真七子」：馬鈺、譚處端、劉處玄、丘處機、王處一、郝大通和孫不二。

翻閱武俠小說，經常會將「全真七子」描繪成武功高強的俠士。武功高不高強，早已不得而知；但是他們七位都是頗具修為的道長。尤其是丘處機，他不僅弘揚了全真教派，還以七十多歲的高齡，不辭辛苦的長途跋涉，向成吉思汗陳述王者之道。

當成吉思汗向丘處機詢問長生之藥時，丘處機直言不諱的回答：「據貧道所知，天下只有衛生之道而無長生之藥。」

丘處機的說詞讓成吉思汗大惑不解，便問丘處機說：「真的是這樣嗎？前朝宋徽宗曾服用道長林靈素配製的丹藥，據聞此人有兩百餘歲的高齡，難道這也是假的？」

丘處機恭敬的回答：「自然是假，林靈素欺上瞞下，騙得錢財無數，使徽宗皇帝終至國破身敗，豈有長生之運？」於是丘處機不斷向成吉思汗強調「敬天法祖，愛民止殺」的治國之道，才是真正增福添壽。或許成吉思汗把丘處機的話聽進去了幾分，不僅賜予丘處機「虎符璽書」，此舉形同封侯，還尊稱他一聲「神仙」呢！

更重要的是，在丘處機追隨成吉思汗一年多的時間裡，戰無不勝的成吉思汗每每攻城掠地，一向是哀鴻遍野，但這段時間內，成吉思汗真的試圖改變以往的戰略，修正了過去屠城嗜殺的做法；而丘處機也曾手持「虎符璽書」，解救了被俘虜的兩萬多名漢人，造福生靈無數。

考古專家和歷史學者曾經在二十世紀中葉，確實找到王重陽「活死人墓」的遺址。當時想要一探究竟，發現那是個深不見底的洞窟，而且涵蓋的範圍非常廣大。看來王重陽當年利用此處做為抗金的基地，的確是個隱密的好所在；至於小說裡描述的「終南山後，活死人墓……」其位置大致無誤。但是王重陽的活死人墓裡到底還有哪些不為人知的祕密呢？因為基於對古蹟原貌的維護，目前並沒有進一步的挖掘計畫，只能將遺址暫時封閉，反而更增添了這座「活死人墓」的神祕色彩，讓後人有更多的想像空間！

宋元時期

法醫先驅 宋慈

宋慈完成了《洗冤集錄》，堪稱是世界上最早且最具體的法醫學科專著。

「冤枉啊！民婦的丈夫是被奸人陷害，絕對不是失足摔死。求大人明察秋毫，抓出真正的兇手，以告慰死者在天之靈。」一名婦人跪在縣衙裡聲淚俱下的提出控訴，只見她磕頭如搗蒜，兩旁的衙役都為之動容。但是說到這「明察秋毫」談何容易！自古以來，多少人受了冤屈，鼓起膽子前往衙門擊鼓申冤，最後能使得真相大白的又有幾人，多半是沉冤難雪，不了了之；或因官員誤判而造成更多的冤情。

不管是哪一種死亡案件，只要是出了人命，照理說都應該受到官府的重視。可是，古代科學辦案的條件不足，很多官員即使是有心明察暗訪，似乎也無法查個水落石出，這其中的關鍵之一，就是對於死者的檢驗，很難取得足夠的證據。

古代從事屍體檢驗工作的人叫「仵作」，今人則稱「法醫」。他正是分析死因，協助破案的重要關鍵。仵作通常是在命案發生之後，連同縣令、衙役一同抵達出事現場，經檢驗後根據死者的傷痕，致命原因而填寫「屍格」，作為日後辦案的佐證。所以「仵作」的工作極為重要，人命關天，真偽虛實就看這仵作的勘驗功夫了。

中國始有「仵作」，最早可追溯到戰國時期，但真正制度化且詳實完備，則要等到南宋時期的宋慈，他寫下《洗冤集錄》一書，成為舉世第一部法醫學科專著。

宋慈字惠父，出生於南宋孝宗年間（西元一一八六年），祖籍福建。他年少時受教於當代理學大師朱熹的弟子吳稚，加上求學態度認真，並在二十歲時高中進士，所以頗受大家器重，從此進入官場。

當時贛州有人受到煽動造反，宋慈以一介儒生而領兵征討，一舉擒獲叛賊首領，乃有機緣入朝為官，但宋慈不圖平步青雲，但願能為國盡忠。

「本想為國效力，沒想到，朝廷裡竟是充斥著趨炎附勢、結黨營私的佞臣！」

宋慈有志難伸，不免唏噓感嘆，於是毫不戀棧的辭官回家；不久，皇帝又徵召宋慈平定福建的民亂，他用兵神速，因此升為知縣，在地方上得到愛民清官的好評，連當朝宰相都對他讚許有加。

日後，宋慈當上廣東提點刑獄，他立志澄清吏治，維護司法公平。因為地方官員素質良莠不齊，雖不至魚肉鄉民，但敷衍塞責時有所聞，有些官員積壓案件，讓蒙受冤屈的人死不瞑目；有的草草結案，含冤莫白的情況屢見不鮮。「傳令下去，所有積壓的案件盡速審閱終結，不得有誤！」宋慈一聲令下，地方官員戰戰兢兢，再也沒人敢搪塞了事。

宋慈以身作則，親自審理兩百多件死因案件，仔細偵查比對，發覺其中隱藏不少冤情。宋慈一想到那些因為誤判而遭處決的無辜生命，不免一陣心痛。「善良百姓一進衙門就嚇得渾身發抖，官老爺的驚堂木一拍，衙役的威武聲一喝，不管有無犯法，早就驚得魂魄出竅。如果又挨上一頓毒打，只得俯首認罪，官老爺大筆一揮，就此結案，無異是草菅人命！」宋慈對官府審案時進行刑求不以為然，認為那是屈打成招，只會造成更多的冤情。

於是，宋慈根據自己多年的辦案經驗，並累積前人的智慧，在六十三歲時彙編成《洗冤集錄》一書。全書分五卷、五十三項，含總論、屍圖、驗屍等記載。

書中把自縊或是假自縊，溺死與非溺死，火燒至死與假燒死的真偽辨證，都以條例說明得一清二楚，提供司法人員辦案佐證，相當符合科學辦案的精神。

「如何判斷死者是自縊而無他殺嫌疑，就要看死者的舌頭是否吐露在外，再解下繩套後細觀脖子上的瘀血痕跡，甚至死者衣物上是否有屎尿流出，都是破案的關鍵，為官者不可不慎。」宋慈的殷殷告誡，就是為了要讓案情真相大白，水落石出。

《洗冤集錄》詳述了檢驗步驟、屍體勘別、人體解剖、現場勘查、死因鑑定、中毒的急救和解毒方式等等。例如：自縊發生時的急救人工呼吸、骨折治療的夾板固定，甚至使用雞皮當作繃帶來固定傷口，不僅符合現代醫療的觀點，也極具實用價值。

宋慈經常有感而發的說：「為官者即使天資聰明，如果不依靠真才實學，貿然擔負審判使命，難免會茫然失措；萬一對屍體物證掩鼻怕髒，避之唯恐不及，那就更難找到證據了！」所以他在書中將往生者的死因區分為凶殺、自刎、繩縊、服毒、火燒、水溺等等，作為辨別生前死後，真偽破綻的依據，此書成為刑獄官員必備的專業知識。西元一二四七年，宋慈完成了《洗冤集錄》，堪稱是世界上最早且最具體的法醫學科專著。直到西元一六〇二年，義大利人費德里才完成類似的著作。

在十三到十九世紀之間，因為《洗冤集錄》極具刑事辦案的參考價值，廣泛的被譯成英、法、德、俄、日及朝鮮等多國的文字，而宋慈不愧是中國第一位最具權威的法醫。

宋元時期

鐵騎西征捲煙塵——成吉思汗

成吉思汗和子孫們的三次西征，建立蒙古四大汗國，是中國歷史上版圖最遼闊的時代。

「朝穿皮襖午穿紗，抱著火爐吃西瓜」，道盡游牧民族生活的艱辛。因為無垠的大漠物資匱乏，氣候詭譎多變，讓這批「馬背上的民族」蒙古人自小和大環境搏鬥，培養了生存能力，也被訓練成天生的戰士；「山外青山樓外樓，西湖歌舞幾時休」，描述杭州富足安逸的日子，南宋君臣歷經「靖康之禍」的亡國之痛，不知奮發雪恥，反而沉醉在偏安的江南，渾然忘記北方蒙古族的威脅。

蒙古的勇士成吉思汗，揮灑個人的軍事長才，並凝聚了族人堅毅不拔的戰鬥力，展開中國歷史上最遠距離的長征。

成吉思汗在西元一二〇六年成為蒙古大汗，過去部落間自相殘殺的現象不再。大汗以卓越的統御能力，讓每一個子民既是畜牧生產的牧民，又是躍馬彎弓的戰士，隨時等著大汗一聲令下，策馬出征建立戰功。被形容成擁有「大海般浩瀚強勁力量」的成吉思汗，已具備逐鹿中原的氣勢。

此時的中國，區分為三個政權，分別是南宋、大金國和西夏。

成吉思汗先從襲擊金國開始，時為西元一二一一年，持續到一二一七年。成吉思汗又於次年下令進攻西遼，將西遼地區收歸蒙古，初步完成版圖的擴張。

由於中亞花剌子模國的傲慢，殺害了蒙古的商旅和使者，因此激怒了大汗，成吉思汗決定再度遠征。「花剌子模的新都撒馬爾罕（Samarkand）血流成河，惟有工匠、婦孺免於一死；蒙古人屠城式的戰鬥，令人怵目驚心！」南宋臣民聞訊驚惶萬分，他們心裡明白，大汗的軍隊終將到來。

就在西元一二二七年，成吉思汗從中亞返回蒙古，又獲得西夏的臣服。但他在歸途中病逝，年六十六歲。其子窩闊台繼承汗位，為了樹立個人威望，他依照父親的遺願，滅了大金國，並開始籌劃更大規模的遠征。

「大汗不幸崩殂，其宏願不可廢，我們後輩豈能不慎！」經過討論，各支宗室和貴族都要派出長子領軍出戰，包括成吉思汗四個兒子的長子和長孫。此次西征，便由成吉思汗長子朮赤的兒子拔都統率，在出發兩年後掃蕩了南俄平原，軍容震撼全歐。歐洲人將蒙古大軍稱為「黃禍」，人人奔相走告：「大漠飛沙銳不可擋，你我只能自求多福了！」恐慌伴隨著焦慮，大家動手修築防禦工事，卻難掩心中的忐忑不安。

西元一二四一年，窩闊台突然去世，遠征在外的家族成員都要返鄉奔喪。西征統帥拔都只好鳴金收兵，啟程東返，這讓歐洲人大大鬆了一口氣，慶幸免卻了一場災難。

到了一二五一年，成吉思汗之孫蒙哥即位，他打算一路遠征到伊斯蘭教的政治中心巴格達，將巴格達的財富搜刮殆盡，再向地中海挺進，而他的另一個胞弟忽必烈，則負責進攻南宋，將中國到地中海的陸路交通完全疏通，這將是歷史上前所未有的壯舉。

西征統帥旭烈兀，也是蒙哥的弟弟，他在戰場上叱吒風雲，不僅戰鬥力超強，還掌握了當時世界上最先進的戰爭技術——火藥，使得蒙古軍隊所向披靡，攻無不克。

可是，蒙哥在中國與南宋對峙，卻因襄陽城裡軍民一心，運籌帷幄，以虛禦實，反令蒙古人久攻不下，這便是歷史上著名的「襄陽之戰」。

之後蒙哥在四川重慶戰死，一如窩闊台的死訊拯救了歐洲，這一次的突發事件，讓中亞和西亞的伊斯蘭教地區得救。旭烈兀大軍不得不休戰北返，把即將到手的小亞細亞地區拱手讓給了埃及。另一方面，早已潰不成軍的南宋不堪一擊，讓忽必烈取得決定性的勝利，他在西元一二七一年定都大都（今北京），正式建立元朝，對中原展開長達九十年的異族統治。

成吉思汗和子孫們的三次西征，不僅滅了大金國和南宋，還建立起一個東起朝鮮半島，西抵波蘭、匈牙利，北至俄羅斯公國，南達中南半島的龐大帝國，分別是「窩闊台」、「察合台」、「欽察」三個汗國，再加上後來旭烈兀在伊朗一帶建立的「伊兒汗國」，就是所謂的蒙古四大汗國。「四大汗國」和元朝相連結，是中國歷史上版圖最遼闊的時代。

除了軍事上的成就，蒙古西征還締造文化交流的貢獻。火藥、絲綢、機械器具、印刷術、煉鐵術因而西傳，對日後歐洲歷史的發展，產生關鍵性的影響。例如：火藥摧毀了城堡，中古以來的封建制度因此瓦解，西歐將步入王權集中，民族國家新興的時代。印刷術則是普及了教育和藝文活動，間接促進十四世紀以後的文藝復興。

蒙古西征也帶動交通的發達，貿易商、外交使者，絡繹不絕的東往西來。其中最著名的就是威尼斯商人馬可波羅，他久居中國近二十年，最後在西元一二九一年奉派大汗命令，護送闊闊真公主遠嫁到伊兒汗國，完成使命後返回故鄉；而天主教教宗尼古拉四世，也派人經由伊兒汗國來到中國，成為大都的主教。東西雙方都為歷史注入新的活力，讓往後的文化發展更加多元豐富，「鐵騎西征」堪稱是歷史上的大事紀。

宋元時期

元曲名家關漢卿

關漢卿因在文學和藝術上的造詣，更讓他名列為元曲四大家之首。

「功名利祿，榮華富貴，與吾已遠矣……。」關漢卿仰望明月當空，卻是一聲長嘆。其實，他心裡惆悵的，不只是自己與科考的金榜無緣，更感嘆蒙古異族所統治的中國，社會上充斥著腐敗黑暗，貪官污吏肆虐百姓，讓人如入水火。

關漢卿的生辰年月不詳，約在元朝初建之時。他一生都待在都城大都（今北京），看到統治者將人民分成蒙古人、色目人（西域各族）、漢人（原受金、遼統轄的漢人）和南人（被蒙古所滅的南宋遺民）四個階級，這不僅是嚴重的種族歧視，而且，不同階級還遭受到不同的對待，不公平的現象處處可見。「也罷！就讓我做個與世無爭的浪子，再也不去理會這些封建禮教，倒也逍遙自在。」於是關漢卿靠著舞文弄墨的收入，在大都四處流連，日子過得還算愜意。

關漢卿其實並非輕薄狂妄的小人，他自喻為「蒸不爛、煮不熟、捶不扁、炒不爆、響噹噹的一粒銅豌豆。」足見他豪爽灑脫的個性，對許多事情不拘小節，甚至表現出不在乎的態度，卻又有所堅持而不為。他的才華洋溢，琴棋書畫也略通一二。

關漢卿為了收集素材編寫劇本，經常跟從事表演的伶人混在一起。伶人在當時是頗受歧視的行業，再加上他經常出入勾欄、酒肆和瓦子（表演雜劇的地方），興致一起，自己還粉墨登場表演一番，自然予人行事浪蕩的印象。似乎只有其後的鍾嗣成在作品《錄鬼簿》裡，還給關漢卿一個公道。

《錄鬼簿》這本書記載了一百五十二位元曲作家，關漢卿名列第一。至於《錄鬼簿》的書名為何如此奇特？原因是作者把世人區分為兩種，一種是整天吃吃喝喝，渾渾噩噩過日子的痴人，他們醉生夢死的虛度一生，即使是活著未死，倒像是「未死之鬼」；而另一種人呢，則是對社會或文化有所貢獻，即使已經老邁故去，但人們依然記得他的成就，這種便是「不死之鬼」。《錄鬼簿》裡記載的都是第二種類型的人物。關漢卿在文學和藝術上的造詣，名列為第一自是應得，他編寫過五、六十齣雜劇劇本，可是保存至今的不到二十個，其中最有名的，便是《竇娥冤》。

竇娥承受冤屈的情節，早在東漢班固的《漢書》裡便有些許記載，關漢卿將之改成劇本，並加入了現實社會的實況，更顯得扣人心弦。

關漢卿的作品中特別強調婦女堅貞剛毅的形象。例如：竇娥和婆婆一起在衙門裡受審時，為了避免婆婆遭受拷打，竇娥便把責任一肩承攬下來，又在庸官的嚴刑逼供之下，竇娥被迫招認了罪行，而被判處死刑。

陷害竇娥婆媳的，原是姓張的惡棍，眼見守寡的竇娥頗具姿色，便妄加逼婚，竇娥的抵死不從，表現出婦女守節的美德。在公堂上竇娥的認罪，又表現出維護親長的孝道；至於她在臨刑之前的願望，則表現出婦女堅毅不拔的情操。即使是迫於形勢，蒙冤未雪，但真相足以驚天地、泣鬼神。所以，竇娥伏法後果真天降大雪，時為三伏天的盛夏，一片銀白的景象令人怵目驚心，彷彿為竇娥戴孝發喪，因此《竇娥冤》又被稱之為《六月雪》。緊接著該地大旱三年，彰顯出人神共憤的氣勢。

關漢卿以細膩的筆法，反映古代社會的黑暗面。民間惡霸橫行，官府貪贓枉法，朝廷昏庸殘暴，百姓有冤無處訴，只好呼天搶地，寄望大自然的異象，以彰顯天意示警。無怪乎元朝的國祚只維持了九十年，便終結在一介平民朱元璋的手中。

關漢卿在《竇娥冤》中以淒慘的結局，烘托出中國婦女美好的形象；但他並非絕對悲情，他的作品中也有喜劇，塑造出機變靈巧的小女子，純情可愛又具智慧，並且能扭轉命運，換來皆大歡喜的結局，那便是《拜月亭》和《望江亭》。

關漢卿妙筆生花的功力，也表現在《單刀會》這齣充滿陽剛味的戲曲中。其中描繪關羽單刀赴會，與孫吳謀士魯肅交鋒的精采過程，彈唱間惟見關羽氣宇軒昂，凜然生威，令人折服不已。關漢卿在劇中營造出磅礴的氣勢，英雄本色發揮得淋漓盡致，讓台前觀眾蕩氣迴腸。

在中國文學史上，元曲和唐詩、宋詞並列，堪稱文化瑰寶。元曲又稱「詞餘」，包括「散曲」和「雜劇」，其中的散曲可以清唱，是元代歌劇構成的主要部分；而雜劇則以戲劇的形式表現，從大金朝尚未入主中原時已開始發展，到了蒙古建國之後，雜劇已流行到大都。至於南方的狀況，則以南宋都城杭州為中心，顯現出一片歌舞昇平的景象，直到南宋政權被元朝取代，但戲劇在民間始終受到歡迎，而且更能抒發庶民的心聲。創作者及表演者便以唱腔、身段詮釋劇情張力，也成就了元曲四大家歷久不衰的盛名，他們分別是：關漢卿、馬致遠、鄭光祖與白樸，而關漢卿則名列第一。關漢卿的卒年不詳，但因為他在文學方面的成就，世界和平理事會便在一九五八年將他列為世界文化名人之一，水星上也有一個以他命名的環形山，讓這位元曲名家能永垂不朽。

宋元時期

魯班天子 元順帝

不戰而降的天子，被民間戲稱為「魯班天子」，無一建樹，卻對設計匠心獨具，在歷史上堪稱一絕。

「大家快來瞧瞧，這韃子皇帝竟會寫出這種話，果真是亡國之君！」朱元璋展開一面紙軸，手下大將徐達、常遇春等人立刻圍攏前來，一探究竟。「哈！皇帝老兒竟說『信知海內歸明主，亦喜江南有俊才。』這不是稱讚咱們奪了他的江山嗎？」「是啊！他視咱們為俊才，把韃子打得一敗塗地，這種降書可真是千古奇談啊！」眾將士撫掌大樂。他們所說的「韃子皇帝」，就是元朝最後一任君主：元順帝阿速吉八。

其實，蒙古人尊妥懽貼睦爾是為「惠宗」；朱元璋在應天（今南京）稱帝後，有感於蒙古人知難而退，乃以「知順天命，退避而去」的理由，封妥懽貼睦爾為「順帝」，元朝政權就此覆滅。

西元一三六八年（元順帝至正二十八年），朱元璋的軍隊進逼大都（今北京）。群臣苦勸順帝死守京師，再做抵抗，不料順帝大言不慚的表示：「朕觀天象所示，大元朝的氣數已盡，殊不必做無謂之爭；且南方既出領導，朕不妨禪位此人，這不正是漢族歷史上所載的美事『禪讓政治』嗎？」順帝於是率眾退回漠北，次年病逝，年僅五十一歲。

這個不戰而降的天子，被民間戲稱為「魯班天子」，元朝國祚九十年中他在位了三十六年，卻無一建樹，荒唐之事不斷；倒是他的手藝精巧，對設計匠心獨具，在歷史上堪稱一絕。

元順帝經常為大臣設計房屋住宅，親自製作模型，上面飾以珍寶，閃閃發光。內侍貪圖模型上的金銀飾物，就故意說道：「陛下所造房屋不過爾爾，也不怎麼華麗嘛！」皇帝聽了並不生氣，只是舉斧將之砸毀，立即動手再做一個，此時內侍便興高采烈的把珍寶撿拾而去。

蒙古人來自大漠地區，為了享受水鄉澤國的浪漫，順帝親自畫出龍船圖樣，並在內苑監造。這龍船長一百二十尺，寬二十尺，船身塑成龍身狀，飾以五彩花紋。大功告成後，龍船就在宮內的湖裡來回游走，龍的頭、眼、口、爪、連尾部都會隨之擺動。船上以眾多美女相伴，隨時供皇帝和大臣們恣意所為。

順帝又鑄造了一個宮漏報時器，高七尺，寬四尺，用木頭做成櫃子，把漏壺放在裡面，漏壺的水自上而下的流動。櫃上設計了一個西方的三聖殿，櫃的腰部有玉女捧著時刻籌，時辰一到，玉女就會自動浮上水面，左右兩側還有金甲神人，一個敲鐘，一個敲鑼，分秒精準無差。另有獅子、鳳凰在整點時聞聲起舞，真可說是古今罕見的作品。因此，人們戲稱元順帝為「魯班天子」。

但是，元順帝的治國能力，可就乏善可陳了。元朝自中期以後，物價上漲了將近三十倍，加之以種族歧視政策的屠戮，漢人的生活苦不堪言；而元順帝不僅不以為意，反而寵幸奸臣哈麻和宦官朴不花，使得國勢日衰，民不聊生。

哈麻洞悉皇帝性喜淫樂，便推薦西域僧人，教導皇帝調氣養生之術：「祕密法」，其實就是淫穢的房中術。

元順帝對「祕密法」樂此不疲，還指導太子嘗試，甚至君臣共戲，互易妻室。眾人在宮廷內裸體宣淫，嬉戲名為「大喜樂」，喧鬧的地點則稱為「事事無礙」。元順帝又設計出「十六天魔」的舞蹈，選出貌美的宮女十六人，把頭髮紮成小辮，戴著珠寶裝飾的佛冠，身著紅色鑲邊的短裙，配上金絲小襖，更添華麗嫵媚。她們手執法器，宮中遇有佛事，就讓她們載歌載舞，哈麻則在一旁勸說順帝：「蒙古鐵騎威震八方，陛下您富有四海，何不與天魔美女享樂一番！」

為了避免大臣打擾，元順帝在宮室外另修了「百花宮」，以地道相通，就可以直接和這些天魔舞女廝混了。皇后奇氏得知後，曾經規勸過皇帝，卻惹得皇帝大怒。皇后為了爭寵獻媚，從此再不敢言，任由皇帝日耽淫樂。

這個來自高麗的皇后奇氏，自身的行為也不檢點，她身邊的宦官朴不花，過去是她青梅竹馬的戀人，現在兩人名為主僕，實際上則互相依倚，串通起來殘害忠良，招權納賄，即使多名大臣聯合上書彈劾，皇帝還是順著皇后的意思，一味包庇朴不花。

此時天下大亂，四方警訊不時傳到京師，朴不花將這些消息全數封鎖，因此皇帝渾然不知，依舊過著他荒唐歡樂的日子。反觀朱元璋的「紅巾軍」數十萬眾，卻是氣勢如虹，逐步進逼京師。

元軍之中唯一善戰的大將，是取了漢名的蒙古人王保保，他勇猛忠貞，被朱元璋譽為「天下奇男子」，也是武俠小說裡的一名武林高手。不過，在元順帝腐敗的朝廷裡，王保保難以施展，他在朱元璋稱帝之後病逝，蒙古的形勢更加一蹶不振。

元順帝攜眾退回蒙古舊部，朱元璋所建的明朝取而代之，此時蒙古改稱「韃靼」，依舊是大明王朝北方最嚴重的邊患；而元順帝的一生荒唐，終成為元帝國不堪回首的一頁。

布衣出身 馬皇后

馬皇后的生活簡樸，始終不忘當年之苦，並且以此訓勉子孫，勿忘先人的奮鬥，並培養苦民所苦的情操。

皇宮裡的氣氛凝重，因為馬皇后的病情頗不樂觀。此時，太子朱標前來覲見。「母后，您為何不肯服藥啊？」「孩子，你有所不知，你父皇為了醫治我的病，不知對宮裡的御醫發了多少脾氣，萬一我服了藥物依舊無效，這些御醫便是死罪啊！」「不會的！母后一定可以逢凶化吉，長命百歲；父皇正打算祭天祈福，為母后益壽延年。」「唉！那就更不必了，勞民傷財又有何益？這天下豈有不死之人哪！」朱標掩面哭泣，自知與母親相處的時日已經不多了。

馬皇后是明太祖朱元璋的元配。她出生在淮西一帶的農家，幼年喪母，父親又因為一件官司離鄉遠走，便把她託付給好友郭子興。「就叫你秀英吧！咱們有啥吃啥，總還餓不著。」郭子興是個粗人，說話直來直往。這時正值元朝末年，元順帝荒淫無道，貪官汙吏橫行霸道，民不聊生的慘況處處可見。郭子興一家尚得溫飽，但也不知該何去何從。

黃、淮一帶謀生艱困，加之以水、旱災頻仍，「野有餓殍」使得人心浮動，已經有人高揭反元大旗，準備推翻朝廷，將蒙古人趕離中原。郭子興也在順帝至正十二年（西元一三五二年）起兵，聲勢頗為浩大。

本名朱重八的朱元璋，是安徽鳳陽一個佃農的兒子。他的家人在天災肆虐時陸續病逝，重八慌了手腳，把家人草草埋葬後，只好到皇覺寺出家為僧，暫時有個安身之處。

「你並非誠心出家，是為了混口飯吃吧！菩薩可不會原諒你。」寺裡的住持容不下重八，逼得他僅待了月餘便出寺流浪，在各地吃盡苦頭，最後決定投身在郭子興的麾下。

此後重八改名元璋，由於他行事果決勇猛，頗受郭子興的賞識，郭子興決定把義女秀英嫁給他。「我這個女兒長得粗壯，一雙大腳可不能和名門閨秀相比。不過她做事精明俐落，和你倒也相配。」朱元璋再三感謝，這時他已經二十五歲了，秀英也二十一了，多年的顛沛流離，兩人早已過了適婚年齡，如今能結為夫婦，彼此分外珍惜。

可是，郭子興的個性多疑，他一方面器重朱元璋，一方面又總是猜忌他，再加上自己兩個不成材的兒子，看不慣朱元璋順心得意，便多次中傷朱元璋，郭子興經常對朱元璋大發雷霆，他也只能默默承受，惟有妻子是他的精神支柱。「英雄不怕出身低，我們暫忍一時之氣，日後或許還有出頭的機會。」

有一次，郭子興把朱元璋關起來，甚至不給他飲食。秀英得知後不動聲色，然後私下央求廚房的伙夫送給她兩個燒餅，趁熱給丈夫送去。「剛出爐的餅子，這會兒四下無人，趕快吃吧！」秀英跑得上氣不接下氣，又把熱燒餅藏在懷裡，胸口的皮膚都給燙紅了，朱元璋看了好心疼，更加感佩秀英患難夫妻的真情。

郭子興死後，漢人所擁立的韓林兒讓朱元璋統率郭子興舊部，朱元璋的才能遂逐漸顯露。經過多年的出生入死，朱元璋終於在西元一三六八年稱帝，定都應天（南京），他就是明太祖。

四十一歲的朱元璋正值壯年，每天為了處理大臣呈報的奏章，幾乎耗掉所有精力。因為，過去為衣食奔波，為征戰南來北往，根本沒時間讀書識字，現在一天要批閱上百份的奏章，還真有些力不從心。「陛下聖明，這些都是攸關國計民生的大事，可是輕忽不得啊！」馬皇后在一旁勸慰。「是啊！不過，有的大臣故意舞文弄墨，區區小事寫了一大篇，簡直是不知所云。」朱元璋所言不虛。有一次，他耐著性子看了一份長達一萬六千多字的奏摺，最後終於弄明白事情始末。於是，他把大臣召來痛責

了一頓，但還是獎勵他為國為民，用心十分了得。

朱元璋利用時間接觸古籍著述，不免深有所感：「朕年輕時飢寒交迫，終日惶惑不安，哪有福氣進學堂啊！」所以，他的施政中特別重視教育，在各地興建學校，獎勵農桑，並且嚴懲貪官污吏，讓人民能安居樂業，還有機會受教。

當元順帝兵敗北走時，大明軍隊攻占了大都（北京）的皇宮，搜得珍寶無數，朱元璋興奮的宣召馬皇后一起把玩，不料卻被潑了一盆冷水。「陛下，臣妾無知，但聽聞前朝皇室只知奇珍異寶，而不知民間疾苦，乃至覆亡；陛下若能以天下賢才為珍寶，將是萬民之福啊！」馬皇后提醒皇帝，應當求賢納諫，不必眷戀這些金玉珠飾。

馬皇后的生活簡樸，始終不忘當年之苦，並且以此訓勉子孫，宮裡的公主都要學會縫衣刺繡，其他嬪妃更不可以驕奢逸樂。據說，皇后規定每年的除夕團圓飯，一定要有一大盤的素炒豆腐，告誡子孫們勿忘先人的奮鬥，並培養苦民所苦的情操。

馬皇后心胸開闊，不與嬪妃們爭寵。所以，朱元璋一共有二十六個兒子，十六個女兒。太子朱標仁德寬厚，頗有母親風範。可是朱元璋生性嗜殺，僅是宰相胡惟庸叛變一案，便株連了三萬多人；大將藍玉一案，更有一萬多人被殺。馬皇后雖不逾權干政，但她總是勸慰丈夫，應有好生之德。有一次，大學士宋濂的孫子涉案，宋濂家族皆被判處死刑，馬皇后不做口舌爭辯，只是終日茹素。「臣妾驚聞宋先生將死，所以預為宋先生修福戒葷。」朱元璋知道皇后在暗示他不能錯殺了好人，便寬赦了宋濂。

馬皇后在洪武十五年（西元一三八二年）病逝，年僅五十一歲。朱元璋悲痛言道：「家有賢妻，如國之良相。」追謚她為「孝慈皇后」，此後不再立后。民間戲稱為「大腳皇后」的便是這一位布衣出身的馬皇后。

明清時期

兩袖清風的于謙

于謙死後被抄家，眾人發現他家裡是「家無餘財，蕭然僅書籍！」也留下「兩袖清風」的廉潔風範。

于謙是杭州錢塘人，曾考中進士。科考當時，因為不肯賄賂考官，所以發榜時被降為三甲第九十二名，幾乎名落孫山。

許多人為他打抱不平，可是于謙不以為意，他說：「若能報效國家，造福人民，名次的前後有何差異？」於是，他以七品官被派往江西，五年後轉任兵部右侍郎，巡撫山西、河南兩省。

河南、山西是不易謀生的地區，于謙走遍各地，訪查民生疾苦，一步步興利除弊。為了救濟災民，他創立多項福利條例，並無償貸給災民糧食；又為了解決黃河水患，他親自率領鄉民在開封西、北、東方修建護堤數十里，保障了商業中心的安全。

于謙巡撫河南、山西兩地的時間長達十九年，他恩威並施，愛民如子，所以當他將要離任赴京時，百姓紛紛沿路挽留，流露出不捨之情。

明宣宗在位十年後去世，年僅九歲的太子朱祁鎮繼位，是為英宗。由於皇帝年幼，國事由太皇太后主持，一切沿襲舊章。但皇帝親政後，他的伴讀太監王振立刻囂張起來，甚至總攬大權。朝臣進京都要送禮巴結王振，唯獨于謙總是兩手空空。

「你好歹也送些土產吧！」旁人好心的建議于謙，只見他瀟灑的揮揮衣袖說：「哈哈！我只帶有清風，何來禮物相贈？」

王振在朝廷作威作福，甚至還挑釁北方的強鄰「也先」，終於惹來一場大禍。

也先不僅是蒙古瓦剌部落的首領，也是蒙古大汗的太師。王振的種種作為激怒了也先，蒙古人大舉入侵。結果明軍迎戰失利，王振卻還不知輕重，居然慫恿明英宗御駕親征。「我軍可有勝算？」皇帝似乎畏縮不前。「前線如有聖上親臨，士氣必定大振，陛下何須擔心？」王振諂媚的回應。其實他心中盤算的是要藉由此次遠征，故意繞道行經故鄉，對族人來個衣錦還鄉的炫耀。

結果，五十萬大軍和大批文武高官，像烏合之眾般走了十五天才抵達大同。但是總督當地兵馬的西寧侯宋瑛已經慘敗陣亡，王振大驚失色，慌忙班師回朝。十多天後到達離懷來縣城僅二十里的土木堡，早已人困馬乏。也先大軍包圍了土木堡，王振下令突圍，結果全軍覆沒，官員士卒死亡幾十萬，英宗皇帝也成了俘虜，史稱「土木堡之變」。

皇帝被俘的消息傳回京師，朝野人心惶惶，有人主張遷都，也有人主張投降換回皇帝。只有于謙力排眾議，正色說道：「建議遷都的人該殺！京師是天下的根本，豈可動搖國本？」太皇太后採納于謙的主張，由英宗的同父異母弟弟朱祁鈺「監國」，于謙為兵部尚書，總督軍國大事。

也先擄獲英宗，自以為握有重要人質，便提出苛刻的交換條件。為了抵制敵人的要脅，于謙聯合文武官員上書太皇太后，推戴朱祁鈺繼皇帝位，是為「景帝」，遙尊英宗為「太上皇」，並且立英宗的兒子朱見深為太子，總算穩定了大局。

也先眼見敲詐不成，立刻率領大軍直逼京師。于謙披戴盔甲，與將士在城外迎戰。也先連攻五天都吃了敗仗，只好兵分兩路撤退。于謙在邊境加派得力將領堅守城池，也先幾次進攻無法得逞，只好送回英宗。

已經當了皇帝的朱祁鈺，無奈的把這位「太上皇」安置在紫禁城內南側的「南宮」。紫禁城裡突然多了一個太上皇，朝廷的氣氛似乎變得詭異，不時有耳語流傳：「假如聖上有個三長兩短的話……」這也使端坐龍椅的景帝感到芒刺在背，只比他年長一歲的太上皇讓他寢食難安，何況太子又是太上皇的親兒子，他這個皇帝簡直被架空了！幾經思量，景帝下詔改立自己的兒子朱見濟為太子，此舉使得朝中傾軋無可避免。于謙內心十分悲痛，當年為了拯救國家而迎立景帝，從不曾考慮自身的榮華富貴。「唉！聖上違背當時死後歸還天下給『太上皇』的默契，因而引發政爭在所難免，我置身險惡漩渦又能如何？」于謙只能仰頭嘆息。

廢太子的消息傳到南宮，太上皇的忿怒可想而知，他一直希望兒子將來能繼位，如今一切落空。「看來只有老死在這冷落的南宮了！」未滿三十歲的太上皇滿懷怨懟。然而，命運似乎不太眷顧景帝，他的獨生子朱見濟當太子不過一年就去世了；景泰八年，景帝得了重病，于謙每日上疏請重立「皇太子」，景帝終於決定在正月十七日臨朝，宣布他的決定。沒想到在十四日夜晚，就發生了「奪門之變」。

當時以徐有貞為首的幾個忌恨景帝和于謙的人，眼看著景帝將死，就帶了一千多人，奪了皇城要地「長安門」，並衝到「南宮」，把英宗抬到「奉先殿」，然後擊鼓鳴鐘，急召文武百官進宮。大家本以為是景帝坐朝，結果竟然是英宗復辟了！

第二天，英宗下旨拘捕于謙等二十多人。審訊時，于謙神態自若，不發一言，旁人倒是極力辯白，審判官冷峻的回應：「你們認罪是死，不認也是死！」于謙被判死刑的消息傳來，山西、河南萬餘百姓為他請命，當判決呈到英宗手中時，他猶豫不忍的說：「于謙功在國家，罪不致死。」徐有貞等人立即表示：「不殺于謙，聖上即位之事豈能名正言順？」

于謙死後被抄家，眾人發現于謙家裡「家無餘財，蕭然僅書籍！」到了明憲宗時，才為于謙昭雪冤屈，將他故居改為「忠節祠」。于謙身後的哀榮，印證他詩中「留得清白在人間」的英風偉烈，也留下「兩袖清風」的廉潔風範。

海上英雄 俞大猷

他一生戎馬，即使遭逢了充軍大同的變故，依舊是盡忠職守，先烈風範讓人感佩不已。

「壯志飢餐胡虜肉，笑談渴飲匈奴血。」俞大猷遠望無垠大海，豪情萬丈的吟詠古人詩句。他身旁的部將們彼此肝膽相照、意氣風發。

此時大夥兒正站在金門南磐山的石崖上，遙望對岸的江山，情緒顯得異常澎湃。於是，俞大猷揮筆寫下了「虛江嘯臥」四個字。

俞大猷字志輔，號虛江，是明朝的抗倭名將，才華洋溢頗具文采。他出生於西元一五〇三年（明孝宗末年）。原籍安徽，因為父親遷居到福建，便在晉江落戶，成為當地的世家大族。

俞大猷自小好讀文史，尤其喜歡研究易理兵法，年長後又精研武術，師承少林武學。明世宗嘉靖十四年（西元一五三五年），他前往北京參加科考，中舉後奉命以千戶駐守金門，防禦倭寇來犯。

「久聞金門孤懸海外，民風驃悍，是福建省最難治理的地方。歷任官員多用重刑懲處百姓，兒啊！你是新官上任，凡事不可不慎！」俞大猷母親殷殷告誡。

「娘，我知道您不放心孩兒遠行，我會事事小心，忠心報效國家，還望列祖列宗庇佑，讓孩兒日後衣錦還鄉再服侍您。」

俞大猷乘風破浪，終於抵達金門，他先巡視各地，考察風土民情，再嚴格的整頓軍防。這時倭寇勾結中國沿海一帶的海盜，殺人放火無惡不作，但由於俞大猷用兵得宜，多次大破倭寇，斬除海賊數百人，還擄獲賊船數十艘，贏得空前勝利。

身為一名儒將，俞大猷相信禮樂教化，遠比嚴刑重罰更來得有效。可是，他的幕僚卻不這麼認為。「大人，屬下斗膽進言，對付這些愚民百姓，教化難收成效，不如實施嚴刑峻法，讓他們心生畏懼而不敢犯法。」「刑罰只能保得一時，教化卻能行之久遠，讓人民深切體認守法的重要，怎能說是無效？」

在俞大猷的治理下，金門的民風逐漸改善，鬥毆滋事的糾紛遞減。俞大猷深感欣慰，他還喜歡和仕紳耆老們講學吟詩，增加敦厚純樸的風氣。

到了嘉靖三十一年，倭寇在浙江沿海又開始興風作浪，朝廷對俞大猷再次委以重任。

可是，浙江巡撫膽小怕事，不願意和倭寇正面迎戰，「這海賊頭目汪直十分了得，如果和他周旋應戰，難保不會折損我方兵力；不如先和他們通商交涉，瓦解他們的防範，再趁其不備予以重擊。」

「大人，此計固然可行，但我軍將士個個都是鐵錚錚的好漢，一旦士氣消弭，日後難免不振，還望大人三思。」俞大猷明白這是上司苟且偷安的緩兵之計，但他身為下屬，也只能徒嘆奈何了。

果然，汪直後來雖被殲滅，但餘眾繼續滋事，受害民眾不計其數，俞大猷卻因為得罪了朝廷裡的奸臣和宦官，竟以抗倭不力的罪名被充軍發配到大同。

「唉！倭寇一日不除，海上便永無寧日！」俞大猷想起每次應戰時，自己總是身先士卒，置生死於度外，反而更能激發部將們的勇氣，如今卻是有志難伸，只能帶著滿腔遺憾遠赴他鄉！

好在不久之後朝廷改變策略，由福建巡撫譚綸統兵，召回俞大猷的部眾，再匯集戚繼光的兵力，決意將海賊一舉殲滅。

「久聞戚家軍威猛善戰，這次我們萬眾一心，必能取得大勝。」俞大猷和部將們士氣如虹，個個摩拳擦掌。俞大猷沉穩的規劃了應敵策略，果然攻防得宜，海賊數千人被殺，大明軍隊還破獲了賊窟的財物和武器，救出被擄的百姓數千人，從此民間便盛傳著「繼光如虎、大猷如龍」的讚頌。

俞大猷行事一向高風亮節，向來不會對朝廷裡當權的奸宦逢迎拍馬。所以，即使戰功顯赫，他極少獲得朝廷獎勵，甚至還有牢獄之災。

例如：奸臣嚴嵩當權時，連他的義子趙文華都可以頤指氣使，胡作非為，俞大猷因此受到牽連。「趙文華慣於爭功諉過，自己戰不贏海賊，便把大人您牽扯進去，這還有天理嗎？」俞大猷的部將屢次為長官打抱不平，卻又一籌莫展。俞大猷自覺問心無愧，只能無語問蒼天。好在朝廷裡的忠臣大多聲援俞大猷，紛紛向皇帝稟明真相，俞大猷才得以免除了罪刑，但是身心頗受打擊，始終難以明志。

俞大猷享年七十八歲，留下了著作《劍經》一部。他一生戎馬，即使遭逢了充軍大同的變故，依舊是盡忠職守，花費了不少心思來治理地方，還設計出「獨輪車」、「拒敵馬」等等迎戰的器械，弭平了危害地方治安的盜賊宵小，還給地方百姓安寧的生活。

當年，俞大猷在金門所留的手跡「虛江嘯臥」碑，如今仍屹立，一旁又建有「嘯臥亭」，後人並附上「汪洋滄海，波浪怒來，我有片物，揮之使迴」的詞句。驚濤拍岸的氣勢中，先烈風範讓人感佩不已。

建造「地宮」的明神宗

曾有過二十年不肯臨朝親政的紀錄，朝廷群臣惡鬥，社會動盪不安；卻在他二十二歲時開始籌建自己的陵寢。

「來人啊！撤！撤！」只聽皇上一聲怒吼，接著便是杯盤齊落的乒乒聲。太監、宮女們不得不趕緊上前撤了酒菜，深怕皇上再發怒；沒人知道怎麼做才能讓皇帝高興，因為，他已經醉得不省人事。更可怕的是，皇上每天喝得醉醺醺，醉後喜怒無常，又嗜吸鴉片，經常無端的下令打人、殺人。「還好今天皇上只是喝醉了，咱們又能多活幾天。」「唉！算是萬幸了！」太監們一邊收拾散落在地上的菜餚，一邊暗自慶幸躲過一劫。這個人人畏懼的昏君，就是在位四十八年的明神宗朱翊鈞。

生於西元一五六三年的朱翊鈞，五歲時被立為太子，從小聰慧機靈，很得父皇喜愛，翊鈞的記憶力特別好，讀過的詩書多能過目不忘，皇帝每次問起，翊鈞都能對答如流，更是讓人讚嘆。當時的陳皇后聖體欠安，翊鈞每日隨著母親李妃前往請安，皇后都會抽問經書的內容，只見翊鈞氣定神閒的應對，皇后欣慰不已，李妃更覺驕傲，她慈祥的對兒子說：「孩子，將來大明朝的江山就靠你了，你可是任重道遠啊！」「孩兒知曉，一定會努力不懈，不負父皇和您們的期望。」朱翊鈞恭敬的回答。

朱翊鈞十歲時，穆宗皇帝離世，他繼任為帝，是為神宗。大學士張居正結合了兩宮，也就是陳皇后和李妃的力量，驅逐前朝權臣高拱，以「首輔」之尊從事改革變法，這就是歷史上著名的大明中興。

「自從太祖廢除丞相以來，朝中能真正參與政事的，就是內閣大學士；而這『首輔』位居大學士之首，權在百官之上，我可不能輕忽怠慢，誤了國家大事。」張居正時時自我警惕，務以國家社稷為重，所以他推行一連串的改革，數年間讓朝廷面目一新，北疆蒙古、沿海倭寇皆不敢侵擾，人民得以安居樂業。

但對於年僅十歲的小皇帝來說，張居正則是嚴師兼大臣，他盡心盡力的為國家效忠，教育幼主，希望神宗皇帝日後能成為一代明君。「皇上，請恕微臣直言，這詩書之中飽含安家興邦的至理名言，皇上必須銘記在心，怎麼可以混淆背錯呢？」張居正不假辭色的指正神宗皇帝。此時朱翊鈞年幼，對張居正是既敬且畏，即使心裡有所不快，也不敢在老師面前發作，只得恭恭謹謹的努力用功，免得再受責備。

不過，明神宗的溫文恭謹只不過是個表面，他暗地裡狠罵道：「哼！你張居正算什麼？仗著兩宮太后撐腰，在朕面前耀武揚威，將來總有一天朕會對付你。」明神宗完全忽略張居正對國家的赤膽忠心、對他的深切期許，只記得張居正對他的嚴苛，而心存報復。這個念頭一直等到張居正死後，明神宗也長大了，他終於可以為所欲為而得逞了。

「傳令下去！將張居正的家產充公，家人遷徙邊疆，永世不得重返！」明神宗一聲令下，昔日的「首輔」被抄家滅族，張居正的爵位封號被取消，兒子被迫自殺，家族淒慘無比。

「哈哈！朕終於出了這口惡氣，此後再也沒人煩擾朕了。」明神宗得意的狂笑不已。他還取消張居正的改革計畫，使得原本中興奮起的氛圍一掃而空，許多大臣只能偷偷的感嘆：「人亡政息。」卻不敢上奏反駁。因為皇帝嗜殺成性、喜怒無常，簡直令人不寒而慄！

少了張居正的約束，明神宗開始縱情聲色，肆無忌憚的斂財納賄，在位四十八年間，曾有過二十年不肯臨朝親政的紀錄，朝廷群臣惡鬥，社會動盪不安；而他卻在二十二歲時，開始籌建自己的陵寢，也就是今天位於北京昌平縣的「明十三陵」中的「定陵」。

「定陵」從萬曆十二年（西元一五八四年）開始建造，每天有兩至三萬名工匠施工，六年後完工，耗費了全國兩年的財政總收入，相當於一千萬人民一整年的糧食。此時的大明王朝國勢搖搖欲墜，因為女真族已在北方建國，正準備興兵南下。可是，明神宗每日縱情享樂，朝政皆由宦官代為掌管，他專寵的鄭貴妃更是囂張強横。當明神宗五十八歲（西元一六二〇年）去世時，太子朱常洛繼皇帝位，是為光宗。光宗身體不適，鄭貴妃遣人送了藥丸給皇帝服用，不多時便斃命，光宗在位僅二十九天；想當年（萬曆二十九年）他被冊立為太子時，朝廷大舉鋪張，花了三年的總稅收籌辦典禮，常洛風光的成為儲君，卻是歷史上在位最短的皇帝。

至於，明神宗所葬的「定陵」（又稱地宮），距地面深達二十七公尺，總面積為一千〇九十五平方公尺。進入地宮後首見一扇石門，石門後是地宮的前殿，南北寬六公尺、東西長二十六公尺、高七點二公尺。西端又有石門兩道，進入後為地宮的中殿，寬、高與前殿相同，長三十二公尺，放置了直徑七十公分的青花瓷大皿一口，意即「長明燈」。中殿往西通過第三道門之後便進入後殿，後殿長三十二公尺、寬九點一公尺、高九點五公尺。地面鋪著光彩奪目的花崗石，正面的棺床，由漢白玉石鑲邊，中間是金磚平鋪，正中央則擺放明神宗的棺槨；右邊是孝靖皇后（即太子朱常洛生母）的棺槨，左邊是神宗的元配孝端皇后的棺槨，墓內有陪葬品三千多件。地宮到現今已有四百餘年的歷史，四周的排水設備良好，少有積水現象，石拱結構堅固，至今，竟無一塊磚石塌陷，令人歎為觀止！

明神宗是歷史上著名的昏君，死後二十多年，清兵入關（西元一六四四年），改朝換代為大清，開啟了另一番局面。

「明末三案」案外案

朱由檢繼位為思宗皇帝，又將「三案」重新翻案。明朝氣勢衰敗，不到二十年的時間，便被滿清王朝取而代之。

「啟奏聖上，皇子年屆二十，應早日立為儲君。」「陛下，太后關心此事，早立太子是為社稷之福。」大臣戒慎恐懼的呈報。只見神宗皇帝隨手一揮，滿嘴酒氣的說道：「朕知道了，你們退下。」

明神宗的皇后王氏不曾生育。在偶然的情況下，一個沒沒無聞的宮女懷了龍種，萬曆十年（西元一五八二年）生下皇長子朱常洛，神宗勉強將她封為「恭妃」，對她卻無絲毫親近，連帶使得常洛也備受冷落。

受到明神宗恩寵的是鄭貴妃，四年後她也生了一名皇子，取名朱常洵，兄弟兩人的待遇可是大不相同。

常洛的寢宮陳設單薄，冬天經常無炭生火，常洛凍得瑟瑟發抖，他自兒時開始使用的桌椅，竟然經年未換，尺寸早已和他的身材不符。明神宗鎮日醉臥酒鄉，幾乎不理朝政，又怎會顧及兒子的處境！

備受寵愛的鄭貴妃一心為常洵爭取太子的身分。但是，太后明確的表示：「立儲自有長幼，豈容兒戲？」明神宗對母親一向懼怕，只好把立儲之事拖延再三，擱置不理。大臣們一再上奏建言，終於在萬曆二十九年（西元一六〇一年），將二十歲的常洛立為太子，不料這正

是引燃紛爭的開始。

明神宗性喜揮霍，當時政府一整年的稅收不到四百萬，這次的冊封活動就耗掉九百多萬，製作典禮的服裝又花了近三百萬，弄得是國庫空虛，民不聊生。而就在太子三十三歲那年的端午節前夕，正當宮裡熱鬧的張羅過節時，一個名叫張差的異鄉人，竟然持棍闖入禁宮，直奔太子寢宮而來。張差雖被攔阻行刺未成，但太子被嚇得精神恍惚，久久難以平復。這便是第一案「梃擊案」。

「你最好從實招來，免得受苦！」審理此案的官員十分謹慎，最後發現指使者竟是鄭貴妃身邊的太監龐保。

「皇上明鑒，臣妾一向愛護太子，怎可能對太子不利！」鄭貴妃如泣如訴的護衛清白，明神宗不得不信。這個多年不上朝的天子，把張、龐幾個人犯處決了事，然後攜同太子面見群臣，表示對太子的支持。

「梃擊案」讓常洛的健康大不如前，但是卻提升了他在宮裡的地位，鄭貴妃知道改立儲君已成泡影，便一味討好常洛和他寵愛的李選侍，希望常洛登基之後能善待自己和常洵。

五年多後明神宗去世，這個在位四十八年，有二十多年不上朝的皇帝，留下一個千瘡百孔的朝廷。佞臣當道，宦官攬權，唯有「東林黨」人一片忠貞，不惜冒死進諫，期勉光宗皇帝能匡正時弊，重振朝綱。

可惜常洛的健康已經敗壞，加之以經年累月的沉迷酒色，更是掏空了身子。「鄭貴妃又獻來八名美女，萬歲爺可有得忙了！」內侍在一旁竊竊私語。

光宗登基後的第二十九天，鄭貴妃派遣御藥房崔姓內侍向皇帝獻藥一顆。「皇上體虛耗弱，這紅丸有提精振氣之效。」不料皇帝服用之後腹瀉嚴重，一夜之間如廁三、四十次，「東林黨」大臣憂心如焚。這時，大臣李可灼聲稱自己有回春靈丹，光宗病急亂投醫，數小時之內連用兩顆，自覺情況好轉，不料竟於次日凌晨病逝，皇帝的寶座坐不到一個月。

皇帝突然駕崩，讓「紅丸案」更添謎團，當時的首輔（類似丞相）力挺崔、李二人獻藥無罪，引來「東林黨」大臣大肆抨擊：「首輔素來和鄭貴妃娘家交好，『紅丸』形同謀殺，必須嚴懲禍首。」不過，一切沸沸揚揚，最後竟是重案輕判，卻為「東林黨」人埋下慘遭屠戮的伏筆。

龍椅沒坐熱的光宗死在「乾清宮」，陪伴他的是陰狠毒辣的李選侍。「這『乾清宮』專供帝后所用，如今先帝崩逝，李選侍何來資格久居？」「是啊！她把太子由校的生母活活打死，如今一手掌控太子，簡直是其心可誅！」東林黨的大臣議論紛紛，於是上演一場驚險的「移宮案」。

這個李選侍恃寵而驕，處心積慮的想當皇后，但「選侍」的位階較低，光宗皇帝還來不及冊封她便一命嗚呼了。現在她藏匿太子，還派人阻擋大臣入內，一時之間乾清宮裡劍拔弩張，東林黨大臣準備衝進宮內搶人，李選侍則是把持太子不放。

「你們把太子藏在何處？」東林黨大臣楊漣、左光斗一馬當先的衝進去，只見內侍們冷笑，卻閉口不語。楊、左等人怒氣填膺，紛紛指責李選侍為「武則天之禍」，李選侍只得放出太子，雙方一陣拉扯，十六歲的太子由校被嚇得嚎啕大哭。

朱由校被大臣倉促擁至「文華殿」，群臣立即跪拜高呼萬歲，由校算是順利登基稱帝，他就是明熹宗。

李選侍面對責難洶洶，被迫遷出乾清宮，身邊的內侍趁機搜刮乾清宮裡的珍寶，有的人因為懷裡揣藏的東西太多，步履不穩當場跌倒，金銀珠寶撒了滿地，這便是「移宮案」。

東林黨人全力支持太子即位，耗費心血無數，楊漣竟在數日之間頭髮全白；可是，熹宗皇帝不學無術，寵信宦官魏忠賢，魏忠賢自號「九千歲」，各地官員都得修建「生祠」向他膜拜，他生日時要在宮裡一連慶祝幾十天。所以，皇帝任由他將「三案」翻案，使東林黨人慘遭屠戮，都死在號稱「人間第十九層地獄」的詔獄中，牽連受害者高達數百人。

熹宗在位七年而逝，年僅二十三歲。其弟朱由檢繼位為思宗皇帝，他誅殺了魏忠賢及其黨羽，又將「三案」重新翻案。大明朝氣勢衰敗，不到二十年便被滿清王朝取而代之。

明清時期

中國莎翁 湯顯祖

《牡丹亭》演出時，湯顯祖經常親臨指導，後人稱之是「上承《西廂》，下啟《紅樓》。」

「原來奼紫嫣紅開遍，似這般都付與斷井頹垣；良辰美景奈何天，賞心樂事誰家院。」杭州名伶商小伶每次演到《牡丹亭》的此一橋段，都因融入角色而哭得柔腸寸斷，最後竟然昏死台上。婁江（今江蘇太倉縣）的年輕女子俞二娘，在鄰里間素有才女之稱，她終日捧讀《牡丹亭》，如醉如痴，因為同情劇中人物杜麗娘的遭遇，自己也香消玉殞。

《牡丹亭》，被譽為是中國最美的戲劇，又有中國的《羅密歐與茱麗葉》之稱，作者是湯顯祖。湯顯祖是江西臨川人，此地出過「唐宋八大家」的曾鞏和王安石。湯顯祖出生在明世宗嘉靖年間，他的家裡有藏書四萬多卷，父親崇尚儒學，開設私塾，伯父酷愛戲曲，祖父精研老、莊，全家都是才子名士。湯顯祖的資質優異，在父執輩的調教下，他五歲能寫對子，十二歲能作詩，二十一歲就考中科舉。可是，他二十八歲進京赴考時，卻因個性耿直得罪權貴，以至於備受磨難。

「公子，首輔想與您和沈懋學結識，還公開許予功名，您何不順水推舟，做個人情？」「哼！這張居正依恃權位，想安排自己的兒子攀登金榜，我才不去趨炎附勢呢！」成績揭曉後，沈懋學因為早被收買，所以高中狀元，張居正的次子是第二名榜眼，湯顯祖則是名落孫山。

三年後，張居正又來拉攏湯顯祖，湯顯祖依舊冷漠以對，結果張居正的長子得了狀元，三子同榜登科為進士，風光無人能及。時人做了一首打油詩：「狀元榜眼俱姓張，六郎還做探花郎。」可是湯顯祖卻是榜上無名。

直到明神宗萬曆十年張居正病故，張氏一族被抄家奪爵，湯顯祖才考上進士，這時候他已經三十四歲了。

湯顯祖被派到南京擔任太常博士，是個基層的小官，他趁機遊山玩水，博覽群書。期間，根據唐朝的傳奇小說《霍小玉傳》，改編成《紫釵記》，敘述詩人李益和才情兼備的霍小玉相識、相戀而後成親，卻受到盧太尉的打壓。這個盧太尉權傾朝野，想要招納李益為婿，便多次設下毒計，破壞李、霍二人的感情；好在他倆彼此堅貞不渝，最後終能長相廝守。這個故事藉由霍小玉和丈夫悲歡離合的情節，彰顯愛情的偉大，也暗諷達官顯貴的囂張狂妄，似乎正是湯顯祖心情的抒發。

此時，因為南京發生疫情，明神宗又因彗星出現而怒斥百官，湯顯祖呈奏了〈論輔臣科臣疏〉，前批張居正，後批繼任者申時行，其結果是皇帝震怒，把湯顯祖調到偏遠的徐聞縣（位於雷州半島）。

兩年後，湯顯祖又被調到同屬僻境的浙江遂昌，當起該地知縣。但是他在五年任內，廣建學堂，善待罪犯，捕殺山中猛虎，懲治地方豪強。有一年的除夕，他還釋放囚犯回家過年，但限四日後重返牢獄。他所持的理由是：「這些人多半是因飢寒而偷搶，因窮困而欠稅，並非天性本惡啊！」結果囚犯全數回籠，竟無一人逃脫！因此，被朝廷譏為「狂奴」的湯顯祖，可是百姓眼中的青天老爺，當他離職時，送行的人不絕於途，地方上還建了「湯公祠」，頌揚他愛民如子的情操。

湯顯祖厭棄官場汙濁，四十八歲那年辭官返鄉，修築新居「玉茗堂」，成為他創作戲曲的桃花源。湯顯祖有時信步街坊，突然間文思泉湧，就衝進店家商借筆墨，立刻振筆疾書，家鄉父老久之見怪不怪，所以出現一條「借筆街」。湯顯祖埋情自己的故事中，經常感動的泫然欲泣，其中最重要的一部作品，就是《牡丹亭》。

《牡丹亭》故事中的主角杜麗娘年方十六，卻因生在官宦人家，自幼受到嚴格的管束，鎮日跟著老學究陳最良誦讀聖賢書，連自家的後花園都不曾踏入。有一天，麗娘溜進後花園，眼見繁花似錦，不由得感慨萬千，自己的花樣年華，就葬送在禮教的桎梏中。不久她在夢中與一才子相遇，兩人在牡丹亭下共締良緣，無奈終究難成！

麗娘唯有一死才能超脫命運的擺布，她病逝後被葬在花園的梅樹下，家人建了梅花庵後搬遷他處。三年後書生柳夢梅途經於此，借住梅花庵，竟在園中拾獲麗娘的畫像。「這女子曾在我的夢中出現，立於梅樹下向我招手。」柳夢梅驚異不已。當晚麗娘的魂魄再度入夢，和柳夢梅共許生死，於是柳夢梅掘墳開棺，讓麗娘起死回生，兩人一同前往臨安（今杭州）拜見麗娘的父母。

麗娘的父親思想迂腐守舊，不允女兒私訂終身，正準備將柳夢梅送交官府論罪，柳夢梅高中科考金榜的消息傳來，便由皇帝下旨，成就了兩人的姻緣。

這則為愛而死，又因情復生的故事，特別強調真情的可貴，以及封建社會令人窒息的悲苦。湯顯祖稱譽杜麗娘是「天下第一有情人」，她為追求真情至性而衝破禮教，超越生死，終於爭取到屬於自己的幸福。故事中雖然不乏虛幻離奇的橋段，但在理學家強調「存天理、去人欲」的社會中，《牡丹亭》不知感動多少青年男女，賺取多少觀眾熱淚。

湯顯祖另作有《紫釵記》、《邯鄲記》、《南柯記》等劇作，被譽為「玉茗堂四夢」。但湯顯祖自己表示：「一生四夢，得意處惟在《牡丹亭》！」《牡丹亭》演出時，湯顯祖經常親臨指導，後人稱之是「上承《西廂》，下啟《紅樓》。」湯顯祖在西元一六一六年病逝，英國文豪莎士比亞也同時離世，因此兩人有東西輝映的巧合，堪稱是浪漫文學的巍峨高峰。

一夫當關 袁崇煥

寧遠之戰打得驚天動地，努爾哈赤傷重不治，「寧遠大捷」奠定了袁崇煥的功業基礎。

雖然已經立了秋，熾熱的陽光威力不減絲毫，倒是枝頭上新黃了幾片樹葉飄零在徐徐風中，透露初秋的蕭瑟，也將昨天那一場驚心動魄的景象，吹拂至無邊的天際。

這時是明思宗崇禎三年（西元一六三〇年），二十出頭的皇帝下了一道聖旨，以「謀叛」的罪名處決寧遠總兵袁崇煥，行刑的方式是「凌遲」，也就是俗稱的千刀萬剮。袁崇煥將被割上千刀以上才能身亡；不過，當袁崇煥被綁赴刑場，尚未行刑之際，北京城裡的群眾就嘶喊著撲上前去，咬食袁崇煥的身體，直到深可見骨，袁崇煥早已昏死過去，劊子手才依規定開始下刀，四周的人叫罵聲不絕，一句句：「漢奸」、「賣國賊」、「叛徒」，隨著袁崇煥的英魂縷縷飄向天空。

袁崇煥是被誣陷的。他是絕對的忠君愛國，害他的人，不只是在君王面前搬弄是非的太監楊春、耍弄離間計的大金國統帥皇太極，還有昏庸嗜殺，不辨忠奸的明思宗，以及整個專制極權的君主制度。

袁崇煥是廣東東莞人，生於明神宗時期，並於明神宗萬曆四十七年（西元一六一九年）在北京中了進士，從此展開仕途。

袁崇煥喜讀兵書，個性慷慨豪邁，遇事見解不凡，在一次與眾人談論遼東兵事時，被當朝的御史賞識，便推薦他到中央任職。

這時候的山海關形勢嚴峻，關外的大金國銳不可擋，直接威脅到北京皇城的安全，官員、百姓人心惶惶；袁崇煥則是單槍匹馬的出關巡視，回來後似乎已是胸有成竹。

袁崇煥主張在山海關外兩百多里的寧遠築城戍守，延伸與敵人交鋒對決的陣線。這座固若金湯的城池，將滿清隔絕在關外長達二十年，直到吳三桂投降引清兵入關，大好江山才變色易主。

滿清的開創者努爾哈赤，是女真族統領，他有十六個兒子，個個驍勇善戰。女真族熟悉騎馬打仗之術，漢人不足與之抗爭，遼東一帶的百姓經常被女真人擄走，年老的被殺，精壯的則被賣為奴隸，一個男丁的身價，只相當於一隻耕牛！

袁崇煥率軍戍守邊關，軍民同甘共苦，確實做到保疆衛土。可是，熹宗皇帝寵信「九千歲」魏忠賢，讓這個太監隻手遮天，胡作非為，滿朝文武多人遇害。袁崇煥縱使一身傲骨，也不得不虛與委蛇。「下官雖不為『九千歲』所喜，但終究不敢得罪，日後才有機會報效國家。」袁崇煥嘆曰。

袁崇煥將個人生死置之度外，天啟六年（西元一六二六年）的寧遠之戰，他以血書激勵士卒，慷慨激昂的說道：「諸位將士，請受下官一拜，願你我萬眾同心，殲滅敵軍。」

這一仗打得驚天動地，努爾哈赤傷重不治，臨死前喟嘆不已：「我從二十五歲以來年年征戰，出生入死，戰無不勝，如今竟毀在袁崇煥這個後輩手中！」

「寧遠大捷」奠定了袁崇煥的功業基礎。但是，更險峻的形勢出現在眼前，那就是努爾哈赤的八皇子皇太極即位，此人精明練達，非一般常人所能及；而明朝的熹宗皇帝以二十三歲的英年崩殂，繼位的是他的弟弟思宗皇帝，此人性躁善嫉，猜忌心特重，也非一般人所能想像。

明思宗上任時年僅十七，他先撲殺了魏忠賢和那一批「逆黨」，一時間人心稱快。但是，面對來勢洶洶的女真，年輕的君王卻顯得不知所措。「速召兵部尚書，朕有要事宣達。」皇帝經常焦躁踱步，沒來由的發怒，官員常遭責難，或是撤職查辦，弄得是人人自危。

思宗皇帝也召見了袁崇煥，稱其「勇氣可嘉」，後來還曾賞賜蟒袍、玉帶以及尚方寶劍。但是，袁崇煥全心全意保鄉衛民，無意間觸犯了皇帝的兩個禁忌，為自己惹來殺機。

「督師，軍中官兵支領不到薪俸已經快半年了，軍心動搖、士氣低落，這是非戰之罪啊！」袁崇煥部下的呈報，讓他心如刀割，他一向和眾兵士們同甘共苦，領不到糧餉，得不到溫飽，誰還願意血染征袍，為國效忠？於是，袁崇煥鼓起勇氣，上奏皇帝「求發內帑」，也就是要求皇帝把皇室私人庫房的錢財拿出來發放。生性刻薄貪斂的明思宗勃然大怒：「連年征戰不休，國庫沒錢，就要朕發放內帑，難道朕的皇宮內院就不需要錢嗎？」

明思宗對袁崇煥的猜疑還不只於此。為了養精蓄銳，袁崇煥一再與皇太極休戰議和，加深了皇帝的恐懼。「聖上一定有所不知，皇太極自貶身分將帝號改稱為汗，恢復對我大明朝的忠誠，總比雙方廝殺，死傷無數要好些吧！」袁崇煥天真的以為。

皇太極正好利用明思宗多疑的個性，導演了一齣離間計。他先在邊關抓到一個名叫楊春的太監，關起來責打一頓，讓他以為小命不保，再讓他偷聽到兩名軍官談論袁崇煥私下投效皇太極的祕密，然後讓他僥倖逃脫。楊春立刻直奔北京皇城，在皇帝面前把自己形容得英勇過人，還探得了袁崇煥叛國的祕聞。

袁崇煥被設計陷害，下獄八個月後伏誅。當時的百姓飽受流寇殺人劫掠之脅，苛捐雜稅之苦；明神宗初期一年軍費支出約四百萬兩，思宗時已增至二千萬兩，這筆帳全算在百姓頭上。還有滿清寇邊的恐慌，大家失了理性，將怒火全指向袁崇煥，他成了眾矢之的，而這樁冤案直到清高宗乾隆年間才平反了他的冤屈。

袁崇煥死後，清軍聲勢大振，流寇也開始攻占地方，明思宗亂了方寸，只是不斷的責難部屬，在位十七年之間，撤換了五十個相當於宰相職位的大學士，以及十四個兵部尚書。明思宗無奈的在流寇攻陷皇城時自縊殉國，時為崇禎十七年（西元一六四四年）。

訪台先鋒——陳第和郁永河

從陳第《東番記》直到郁永河《裨海紀遊》，今人才對三百多年前的台灣有所認識。

「夷州在臨海東南，去郡二千里。土地無霜雪，草木不死。土地饒沃，既生五穀，又多魚肉。」這是三國時期沈瑩在《太平御覽》中關於台灣的描述，被認為是關於台灣最早的文獻紀錄。但因作者並未親臨台灣，以致書中不乏謬誤之處；而真正到訪台灣且為文記載的第一人，則是明朝的陳第。

明神宗萬曆三十年（西元一六〇二年），六十二歲的陳第，隨著沈有容的水師出海征討倭寇，不巧遇上颱風，漂流到台灣，一行人便在大員（今台南）登陸。

陳第是福建省連江縣人，早年曾經追隨抗倭名將戚繼光、俞大猷屢建戰功，還以游擊將軍之職鎮守在古北口，後來因為身體不適而卸下戰袍，返回家鄉。不過，陳第一直心繫國家局勢，靜養一些時日，便再度投身軍旅，與沈有容將軍一起征討海盜。當時，日本海盜被稱為「倭寇」，在中國沿海一帶燒殺擄掠，無惡不作。沈有容的部隊驍勇善戰，再加上攻防戰略奏效，多次大獲全勝，讓倭寇聞之喪膽。但這一次部隊返程卻遇到颱風，把大家吹到了陌生的地方——台灣。

「你去瞧瞧這群人到底在說些什麼？」沈有容交代陳第。因為他們才一靠岸，便有一群原住民蜂擁而至，從他們的表情看來，應該並無惡意。經過一番比手畫腳的溝通，陳第稟告沈有容：「他們是當地的居民，得知我們擊退倭寇，為民除害，特別前來向我們致謝，還要設宴款待呢！」於是，眾人便接受平埔族人殺鹿獻酒的熱情招待，陳第也因此在部落裡，觀察到這些平埔族的生活百態。

風平浪靜後，陳第返回連江，向朋友們說起他在大員的奇遇：「這些人不知來自何處，也不知何時定居於此，他們好勇喜鬥，卻又能在隔天消除仇恨，和好如初。他們重女輕男，喜歡飲酒，平日在溪裡捕魚，山中獵鹿，生活自給自足。」朋友聽畢說道：「既然如此，你何不將這些見聞寫下來，流傳後世呢？」於是，陳第提筆寫了一千四百多字的《東番記》。書中記載高雄、台南一帶平埔族的情形，是最早關於台灣原住民的研究資料，內容非常可貴。

清朝連橫編著的《台灣通史》裡便明確指出：「台灣之名入中國便是始於《東番記》。」但因為《東番記》在明朝末年被收錄在周嬰所編的《遠遊篇》一書中，讓人誤以為是周嬰的作品，反而忽略了陳第，讓他始終默默無聞。

到了清朝康熙年間，正式將台灣納入版圖，清廷以消極治台的方式統領台灣，關於台灣的文獻記錄極為有限，直到郁永河寫了《裨海紀遊》，今人才對三百多年前的台灣有所認識。

郁永河是浙江杭州人，生於清初，中過秀才，在福建知府衙內任職。他的個性開朗，喜歡遊覽結交朋友，經常豪語一發：「出門在外，哪兒有不遇險阻的？這時就靠朋友相助了，正所謂『四海皆兄弟』啊！」

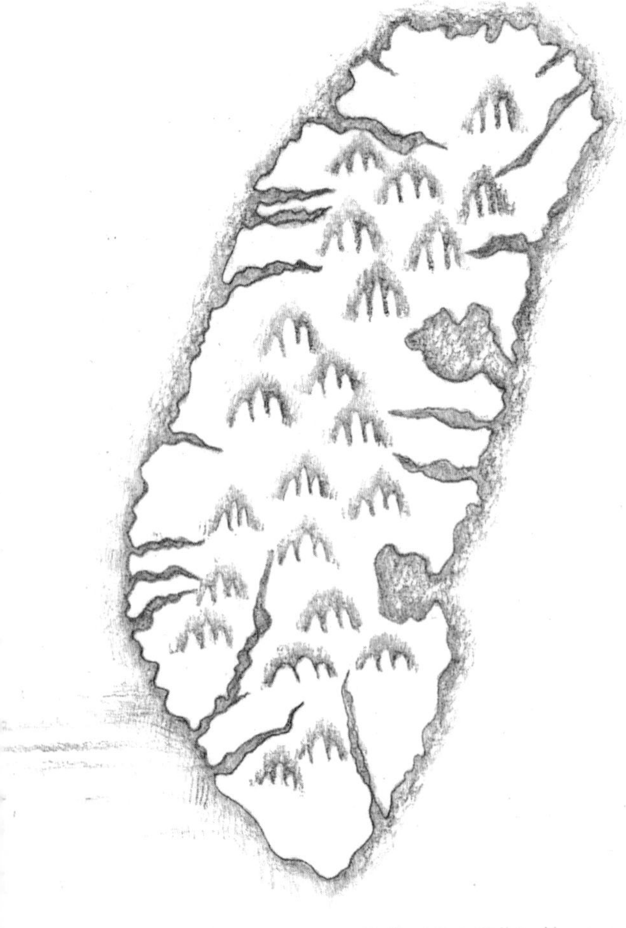

不久，福建榕城火藥庫失火，五十萬斤的硝石硫磺全數炸毀，朝廷向官府索賠，福州同知王仲千立刻慌了手腳。「大人，屬下聽聞海外的台灣蘊藏硫礦，不妨由屬下冒死前去一探。」郁永河自己請命，王仲千正是求之不得。

清康熙三十五年（西元一六九六年），郁永河和隨從們自閩出發，經過金門、廈門、澎湖。「海上不得順風，寸尺為艱。」

這是郁永河對航程的記載。雖然歷經一番顛簸，但他意志堅定，凡事充滿好奇，眼見鯊魚竟是卵胎生動物，忍不住嘖嘖稱奇，直嘆自己是不虛此行。

兩個月後一行人抵達安平（今台南），開始更艱苦的旅程。他們先花了兩個月的時間規劃路徑，採購裝備，再擇口上路。關於這些過程，郁永河都有詳實的紀錄，以備返閩後向官府呈報。

郁永河的牛車隊伍行經新港、麻豆等番社，夜渡八掌溪、虎尾溪，北過大甲、南崁，花了將近一個月的時間，終於到了淡水。他沿路邊走邊記，吃盡苦頭。「自竹塹迄南崁八、九十里，不見一人一屋，經過番社皆室空，求一勺水不可得。」這是他《裨海紀遊》書中的紀錄，也是漢人來台以後，第一個親身旅行，自南而北寫下遊記的首創，被譽為是台灣遊記文學的開創。

這一份台灣南北通道的路徑圖雖然稍嫌簡略，卻是十七世紀台灣唯一的交通記載。緊接著採礦煉硫的工作在北投龍鳳谷一帶展開，郁永河的數十名隨從病的病、倒的倒，人員折損嚴重，他只好央求當地番社的土官，號召原住民協助採礦。「在在危機、刻刻死亡，久處危亡之地。」這是他自己的回憶。

「番人生性凶悍，我們不可不防。」「我豈有不知，但又從何防起？」郁永河和部屬的對話，道盡心中忐忑；果然，番人趁夜偷襲，向郁永河的枕邊射了二十多支箭，所幸無人傷亡。

人禍之外還有天災，颱風吹垮了屋舍，毀損了器具，讓進度一度受阻，直到天氣轉涼了，生病的人數漸緩，工作才漸漸完成。「蒼天保佑，我竟能活著達成任務，真是謝天謝地！」郁永河如願煉成五十萬斤硫磺，於十月初乘船返回福建。

郁永河的《裨海紀遊》是研究台灣地理景觀、人文歷史以及原住民習俗的重要文獻。例如書中說道：「雖沿海沙岸，實平壤沃土，但土性輕浮，風起揚塵蔽天，雨過流為深坑。」確實是台灣西部深刻而正確的描述。

「裨海」二字取自《史記‧孟子荀卿列傳》，意為「小海」，郁永河藉此描述台灣海峽，足見他有相當的文學造詣。他還作有〈番境補遺〉、〈海上紀略〉、〈台灣竹枝詞〉、〈土番竹枝詞〉等，陳第和郁永河堪稱是台灣最早的觀光客。

「文開書院」與沈光文

「台灣本無文化，自公來後始有文化也。」
沈光文被稱為「台灣文化初祖」，並視為將漢人文化遠傳到台灣的播種者。

「烽火連三月，家書抵萬金……」沈光文望著窗外的綿綿細雨，不由得念起唐朝詩人杜甫的作品。「唉！杜工部當年欣聞官軍收復河南、河北，寫下了『劍外忽傳收薊北，初聞涕淚滿衣裳。卻看妻子愁何在，漫卷詩書喜欲狂。』的詩句。但大明朝還有大獲全勝的一天嗎？戰火連年不斷，人民流離失所不知凡幾。我究竟該何去何從？」

這時是明思宗崇禎年間，朝政腐敗，皇帝剛愎自用。來勢洶洶的滿洲人，已在關外建國「大清」，隨時準備大舉入侵，而陝、甘一帶的飢民土匪，又匯集成無惡不作的流寇，朝廷幾乎是束手無策。眼見國家覆亡在即，怎不令沈光文憂心呢？

沈光文生於明神宗萬曆四十年（西元一六一二年），字文開，號斯庵。祖籍浙江寧波，所以他喜歡自稱「寧波野老」。

沈光文的家境困苦，又遭逢動盪不安的時代，生活更是艱辛，但是他自幼刻苦向學，參加科考，進入太學。此後他越加勤奮用功，只可惜明朝的氣數已盡，流寇首領「闖王」李自成攻入北京，明思宗自縊殉國，清軍很快便兵臨城下，建立政權，僅剩下明朝遺老在南方擁立唐王、魯王、福王和桂王等人，史稱「南明時期」。

「改朝換代、易服剃髮，我是從也不從？」沈光文想起中國從此將被滿清統治，還得服從剃髮留辮的命令，不由得悲從中來，淚流滿面。

久經思考，沈光文先是投靠福王，被授予「太常博士」，不久福王潰敗。

沈光文又投向桂王，被授予「太僕寺少卿」。可是，桂王反清復明的事業不振，在明朝降將吳三桂的追擊下，遠避到緬甸，終被擄獲遇害，沈光文轉而投奔魯王。

「久聞閣下對我明朝忠貞不二，還曾追隨名將史可法一同抗清，真是不可多得的人才。」魯王對沈光文十分器重，只可惜魯王又遭敗北，沈光文只得遠避。

「罷了！罷了！」面對南明諸王一個個悲涼的結局，沈光文心灰意冷，在普陀山削髮為僧，遠離紅塵俗世。後來他聽說據守在金門、廈門一帶的鄭成功矢志反清復明，聲勢頗為浩大，讓他又燃起一絲希望。

此時福建總督聽聞沈光文大名，便派了部屬前來招降：「總督大人久仰先生文采，若能投效我大清朝，日後榮華富貴，自當享用不盡啊！」「承蒙大人看得起，在下愧不敢當。」沈光文恭敬的回應，心裡明白，不肯接受招降，便意味著此處不能久留，否則必有大禍。

正當他搭船準備前往泉州時，途中遇到颱風，竟然漂泊來到台灣，約為西元一六五二年。

十年後，鄭成功在府城（台南）建立政權，聽說明朝遺老沈光文在此，立刻賜予田宅，對他十分禮遇，沈光文乃有「台灣第一士大夫」的美名。

「台灣雖然孤懸海外，但有鄭氏如此忠貞之士，看來光復大業將不遠矣！」眼見鄭成功的反清事業蒸蒸日上，沈光文歡欣激動難以言喻。

只可惜，鄭成功來台不及一年便病逝，其子鄭經繼位後，漸失人心，鄭氏王朝搖搖欲墜。沈光文憂心不已，又苦無機會求見鄭經，向他陳述治國理念，便寫了幾篇文章諷刺鄭經，希望提振他反清復明的士氣。「先生，大事不妙，有人把您的作品呈給鄭經，據說他毫無省思，反而憤怒異常，很可能對您不利啊！」沈光文的友人焦急的前來報訊。

來台後便在私塾擔任教席的沈光文，從來不和鄭氏王朝的官員往來，也未曾招惹是非，想不到依舊引來禍端。沈光文心裡惶恐，又對鄭經的作為感到失望，再次削髮為僧，法號「超光」。他傷心的離開府城（台南），輾轉來到偏遠的羅漢門（高雄縣內門鄉附近），希望能過幾年安定的日子。

鄭經頹廢喪志，果然不出沈光文所料，鄭經才離世，朝廷裡便起了紛爭，最後由未成年的鄭克塽繼位，清朝將領施琅統率大軍，正式消滅鄭氏王朝，將台灣納入大清領土，時為康熙二十三年（西元一六八四年）。

年逾七十的沈光文似乎已經參悟人生喜樂，也不再對反清復明有所期待，他以教書授徒為業，倒也平靜坦然。「紅塵俗緣難了，唯有作育英才為樂。」

沈光文在一六八五年和諸羅知縣季麒光，仕紳耆老們創立了「東吟社」，並將許多作品集結成《東吟詩集》，成為日後研究台灣文化風貌及漢人生活百態的重要資料。

「東吟社」是全台第一個詩社，沈光文還著有《台灣賦》、《台灣輿圖考》、《草木雜記》等作品，帶動當時台灣文人詩吟歌詠的風氣。正如季麒光當年對沈光文的稱許：「台灣本無文化，自公來後始有文化也。」因此沈光文被稱為「台灣文化初祖」，又被視為是將漢人文化遠傳到台灣的播種者。

沈光文以七十七歲的高齡去世，終老於台灣。清宣宗道光七年（西元一八二七年），朝廷特別以他的字「文開」為名，在彰化鹿港建立「文開書院」，表示對他的尊敬。

明清時期

蒲松齡神鬼傳奇

蒲松齡在《聊齋》裡讓人、鬼、狐、仙相遇、相知和相惜，正是真情昇華的最佳詮釋。

「甯公子，你我人鬼殊途，終究難聚。」「不！小倩，我一定要助你脫離苦海。」膾炙人口的鬼故事〈聶小倩〉，多次被搬上銀幕，淒美動人的情節，淡化了鬼魅作祟的恐怖；而〈聶小倩〉正是《聊齋誌異》中一篇人鬼相戀的故事。

《聊齋誌異》的作者蒲松齡，終生汲汲於功名，總是屢試不第，到了年過半百時，才放棄科考，卻以《聊齋》這部神鬼故事傳名於世，成為清初最著名的文言短篇小說之一。

蒲松齡出生在兵荒馬亂的明朝崇禎年間，他的家族在山東淄川是望族。明神宗萬曆年間，縣裡出了八位秀才，蒲家就占了六位。所以，蒲松齡欲盡畢生之力求取功名，也就不難理解了。

可是，金榜高中並非易事，蒲松齡祖父這一輩，已與金榜無緣，到了蒲松齡父親這一代，雖然被形容是「閉戶讀書不釋卷」，但終究事與願違。蒲父心灰意冷，未能積極規劃營生，以致錢財散盡，家道中落，就在最艱難的時刻，蒲松齡出生了。

此時大明王朝氣數已盡，外有滿清叩關，內有流寇劫掠，蒲松齡四歲時，明朝覆亡，清兵進關建國。蒲松齡每次聽到父母陳述這一段動盪的歷史，都為當年生靈塗炭的慘狀感到痛惜。

在這般環境中成長的蒲松齡，體質羸弱多病，但他資質優異，讀書過目不忘，可惜家裡經濟拮据，捨不得點燈讓他徹夜苦讀。「爹，您別擔心，我到廟裡去讀書。」「兒子，你不害怕嗎？」鄉里的廟宇不僅供神，廂房裡有時還停放著棺木。蒲松齡心胸坦蕩，在廟堂裡竟能怡然自得，在神、鬼塑像的相伴下，讀得孜孜不倦。「這些塑像看似猙獰，其實是威嚇那些良心不安的人；我行事磊落，何懼之有？」蒲松齡自我期許。

或許，正是空山寂寂，冷月凝凝，燭光昏暗下的神、鬼面相，開啟了蒲松齡創造神鬼傳奇的靈感，他豐潤了《聊齋》裡的神鬼世界，讓人們也邁入無限想像的空靈虛幻。

蒲松齡十九歲時考中秀才，也娶了親，本以為可以鴻圖大展，沒想到十年之間一事無成。他終日苦讀不事生產，這可苦了妻子和孩子。看到孩子有時只能吃些薄粥，蒲松齡自怨自艾，也開始憎恨起迂腐的八股文，讓他有志難伸。日後他便在《聊齋》裡抨擊科考制度，把考官比喻成是餓鬼轉世，不認文章只認錢，埋沒了無數良質美材。

「大嫂說咱們拖累了爹娘，鬧著要分家，把我們一家六口掃地出門。」蒲妻憂心忡忡。蒲松齡仰天長嘆，一籌莫展。對於大嫂的凶悍刻薄，他難以釋懷。他在《聊齋》故事中勾畫了悍婦、樹妖姥姥的角色，彷彿就是大嫂潑辣形象的化身。

為了養家餬口，蒲松齡第一次離開家鄉，經人引薦給江蘇省寶應縣的知縣孫蕙，陪著知縣督辦水利施工。這段時間讓蒲松齡脫離八股文的桎梏，真正接觸到芸芸眾生。他看到誠善純樸的農民，財大氣粗的官宦仕紳，再加上自己的鄉愁，於是著手為《聊齋》起頭。他自嘆：「春花色易老，遊子心易酸。」反映出他對許多人間事物的無奈。或許，蒲松齡在〈聶小倩〉故事中所塑造的燕赤霞，不拘泥禮法而仁俠高義，正是他心之所儀的英雄。

蒲松齡三十三歲時返鄉為母發喪，之後投奔鄉紳畢際有，開始他的教師生涯，直到七十一歲才離開畢家。長達數十年的歲月，他和畢家老少相處融洽，大家敬重這位私塾教席，也給了他安定的生活，可以讓他更專心的準備科考，或是致力於神鬼故事的創作。

蒲松齡在畢府感受到人情溫暖，他認為人世間最珍貴的莫過於情感。「年華將逝，錢財易盡，權勢難保；情之至者，鬼神可通。」秉持著這份信念，蒲松齡在《聊齋》裡讓人、鬼、狐、仙相遇、相知和相惜，正是真情昇華的最佳詮釋。

隨著子女成家立業，蒲松齡家計的負擔減輕，終於參透功名利祿如塵土，徜徉山林自有得。五十八歲那年，他的小屋「面壁居」落成，面積雖小，卻是他繼續撰寫《聊齋》最安靜的所在。但是，就在他七十四歲那年，與他攜手五十六載的妻子病逝，讓他陷入痛苦的深淵。蒲松齡對子女表示生存無趣，並寫下：「五十六年琴瑟好，不圖今夕頓分離。」的句子，次年便去世了（西元一七一五年）。

《聊齋》的初稿完成於清康熙十九年（西元一六八〇年），直到清乾隆三十一年（西元一七六六年）正式付梓。全書共四十萬字，有將近五百篇的故事，其中歌頌愛情的就有六十多篇。蒲松齡自己形容：「花妖狐鬼皆有情。」其他論述也反映出十七世紀的中國社會風貌，正如蒲松齡紀念館門前的對聯所說：「寫鬼寫妖高人一等，刺貪刺虐入骨三分。」

絕世美女阿巴亥

阿巴亥的生殉可說是千古之謎。紅顏薄命的一生，令人不勝唏噓！

春暖花開的好時光，對關外的女真族來說，人人都是春風滿面，心情雀躍，但對於十二歲的烏拉那拉．阿巴亥而言，心情卻是忐忑不安。因為，她馬上就要出嫁了！

「唉！可憐的孩子，原本應該在草原上採花捕蝶的，現在卻得裝扮得跟個小大人似的，一入宮門深似海啊！」褓姆為阿巴亥攏起髮辮，望著她嬌美的臉龐，忍不住嘆氣連連。阿巴亥或許是年幼無知，倒是一派輕鬆，笑靨如花。

此時關內的大明王朝衰敗，位於白山（長白山）黑水（黑龍江）的女真族崛起，但各部落之間紛爭糾結。阿巴亥是海西女真烏拉部的絕世美女，而建州女真統領努爾哈赤勢力強勁，為了減緩努爾哈赤的敵意，烏拉部決定將阿巴亥送給努爾哈赤為妻。努爾哈赤比阿巴亥足足大了三十一歲，已經娶了正室孟古，被尊稱為「大妃」，阿巴亥此次入嫁，真是吉凶未卜。

努爾哈赤未發達之前，還有一名出身寒微的妻子佟佳氏，此後基於政治因素多次聯姻，在他六十八歲的有生之年，身邊的妻妾共有十多人，但他似乎特別喜歡阿巴亥。史載孟古「儀容端莊，舉止不凡」，她的個性溫婉內斂，而阿巴亥則是獨具丰姿，頗有機變，或許這才是阿巴亥專享恩寵的原因。

佟佳氏生了大貝勒代善，孟古則為努爾哈赤誕育了一名優秀的子嗣——皇太極，他就是將國號訂為「清朝」的太宗皇帝。阿巴亥也不遑多讓，她比孟古姊姊年輕十五歲，入宮兩年就後來居上，因為孟古離世，阿巴亥不僅成為大妃，而且一連生了三個兒子——阿濟格、多爾袞和多鐸，每個人各自掌控著八旗軍隊中的一支旗，阿巴亥的聲勢如日中天。

稚嫩的阿巴亥不僅有著少女的活潑清純，又逐漸散發出成熟的韻味，努爾哈赤將她視為嬌妻、巧妻，羨煞了其他的庶妃們，其中初受大汗青睞的德因澤，是個心機深沉的人，而努爾哈赤年過六十，英明睿智不似當年，德因澤不斷的詆毀阿巴亥，努爾哈赤竟也開始信心動搖……。

「大貝勒代善接受阿巴亥所贈佳餚，阿巴亥又送禮給四貝勒皇太極遭拒。」「阿巴亥多次深夜離宮，去向不明。」「阿巴亥在大貝勒面前總是盛裝打扮，對大貝勒不時眉目傳情。」「一派胡言！」努爾哈赤嚴厲的斥責德因澤，卻也不免懷疑，老夫少妻相差懸殊，阿巴亥是否真如謠言所傳，對年輕的貝勒們頻頻拋媚眼，將棄自己於不顧呢？

努爾哈赤左思右想，為了整飭家風，他以「私藏財物」之名給阿巴亥定了罪。阿巴亥不做辯駁，帶著十五歲的阿濟格，以及不滿十歲的多爾袞、多鐸，一起離開了大汗。二十年的宮廷生活，將阿巴亥由懵懂無知的少女，訓練成堅毅沉穩的少婦。她心裡明白，一個婢女出身的庶妃德因澤，怎麼可能掀起波瀾，將自己掃地出門，這其中必有政治陰謀。

努爾哈赤年事已高，十五個皇子爭奪汗位的意圖明顯，其中尤以排行第八的皇太極為甚，其母孟古離世多年，無法在內廷為他爭取優勢，而阿巴亥的三個兒子出類拔萃，皇太極若想剷除這股勢力，就必須先從阿巴亥下手；不過，命運的安排竟是峰迴路轉，努爾哈赤對阿巴亥舊情難忘，不到一年的時間，大汗下令召回阿巴亥母子。

阿巴亥重新站上歷史舞台，成為後宮眾福晉的首領，努爾哈赤兵強馬壯，逐一征服各部落，已將國號正式定為「金」，進兵關內勢在必行，大明王朝的覆滅已不遠矣！

可是，明思宗天啟六年（西元一六二六年）的寧遠城之戰，徹底粉碎了大汗一生的功業。當時鎮守寧遠的是儒將袁崇煥，努爾哈赤馳騁沙場四十多年，此番親率二十萬大軍出征，豈會將這個比自己小了將近三十歲的將領放在眼裡！

進士出身的袁崇煥並非文弱書生，他戰術靈活，智勇雙全，負傷上陣，依舊應戰從容，並藉助西洋炮的威力，將金國的八旗軍轟得是潰不成軍，六十八歲的努爾哈赤，也在此役中終結了他輝煌的一生。

努爾哈赤傷重不治，守在他身邊的，是他最鍾愛的阿巴亥。女真族當時並沒有完善的繼位制度，努爾哈赤也沒有預立遺囑，僅作口頭交代：「多爾袞具帝王之才，繼承汗位；大貝勒代善生性仁厚，從旁輔政。」

阿巴亥在努爾哈赤逝後宣布大汗遺命，立刻遭到四貝勒皇太極的質疑，他一向與代善不睦，上一次指使德因澤控告阿巴亥和代善有染，就是想一箭雙鵰，趁機剷除兩人，這時他又聯合了其他貝勒，欲置阿巴亥於死地。

「多爾袞年僅十五，豈能擔當大任？先皇有命，一旦離世，阿巴亥將生殉追隨左右。」皇太極早已密謀了一切，阿巴亥為了保全三個兒子，在汗位之爭中不受摧殘，只得犧牲自己，三十七歲短暫的一生，淹沒在歷史洪流中。

皇太極的繼位是否合法頗具爭議，多爾袞年長後曾明白表示，其兄皇太極是奪位登基；且努爾哈赤疼愛多爾袞諸子，忍心讓年幼的他們，既失其父又喪慈母嗎?所以，阿巴亥的生殉可說是千古之謎。令人不解的是，德因澤也被迫生殉，這是皇太極殺人滅口的毒計嗎?

皇太極五十二歲時去世，其子福臨入關而治，他就是第一個入主北京紫禁城的順治皇帝；當時他年僅六歲，必須仰賴叔父多爾袞的輔佐，但多爾袞位高權重，兩人存有心結，關係始終不睦，多爾袞竟在三十九歲的英年無疾而終，且被削奪爵位，這叔姪之間的仇恨，是否肇因於阿巴亥遭受皇太極的迫害?留給後人無限的想像空間；直到順治帝駕崩，其子康熙皇帝的晚年，才為多爾袞昭雪冤屈。阿巴亥紅顏薄命的一生，令人不勝唏噓！

明清時期

身世謎中謎——乾隆皇帝

根據《清史稿后妃傳》所載，乾隆皇帝本名弘曆，生母是滿洲鑲黃旗人鈕祜祿氏。

在位六十年的乾隆皇帝，是歷史上最高壽的皇帝。為了不超越康熙帝在位六十一年的成就，乾隆帝八十五歲時遜位給兒子嘉慶皇帝，自己又當了四年的太上皇才辭世。根據史料所載，中國數百個帝王之中，能活到八十歲以上的不到十人，乾隆皇帝年近九十，全盛時期統治著三億百姓，相當於當時地球人口的三分之一。這位自稱是「十全老人」的大清朝皇帝，一生充滿著傳奇。

乾隆皇帝對漢族文化十分推崇，自己曾寫過萬首詩篇，琴棋書畫皆有造詣，加上喜歡穿著漢裝，又多次巡遊江南，住在海寧陳家，後人便猜疑起他的女真族血統，臆會謠傳他是漢人血脈，甚至以訛傳訛，令人難辨真偽。

根據《清史稿后妃傳》所載，乾隆皇帝本名弘曆，出生在清康熙五十年（西元一七一一年），生母是滿洲鑲黃旗人鈕祜祿氏。

「皇阿瑪，兒臣有幸得子，這是孩子的生辰八字。」雍親王胤禛向父親康熙皇帝請安，並且呈上弘曆的八字。「嗯！此子有英雄氣概，善教養之。」皇帝露出笑容。其實，康熙皇帝已有數十個皇孫，卻特別鍾愛這個名叫弘曆的新生兒。

雍親王的嫡福晉（妻子）和側福晉（妾）已育有三子，弘曆排行第四，他的生母鈕祜祿氏出身寒微，十三歲進入雍王府，身分只是一名侍女。

鈕祜祿氏的家族曾經顯赫，但如今家道中落。她的長相端莊，但稱不上秀美，倒是身強體健，做起事來乾淨俐落。她在雍王府裡待了七年，因為偶然隨侍在雍親王身邊，竟然有孕生下弘曆，此後人稱她為「格格」，意思是生了兒子的大姊。

「這孩子天庭飽滿，地閣方圓，聲若洪鐘，虎背熊腰，確實是有福之人。」雍親王疼愛弘曆，卻從未提升鈕祜祿氏的地位。十年過去了，弘曆逐漸懂事，知道自己的母親飽受委屈，卻也只是無奈。

直到康熙皇帝駕崩，胤禛登基稱帝，年號雍正，才正式冊封鈕祜祿氏為「熹妃」，但地位仍在皇后和兩位貴妃之下，這時候的弘曆已經十二歲了。

雍正皇帝共有十子，弘曆能文能武，機智敏捷，最能得到父親寵愛。弘曆的大哥和二哥早逝，三哥弘時素行不良，被雍正皇帝下令逐出家族，弘曆便順理成章成為皇長子。

弘曆儀表俊偉，談吐不俗，自小便是個惹人疼愛的孩子。他曾經被留在宮中教養，陪伴祖父康熙皇帝度過孤寂的晚年。有一年皇室依例進行「木蘭秋獮」，弘曆在祖父面前毫不驚惶的射殺黑熊，著實令人刮目相看。這祖孫二人的天倫之樂，不僅是弘曆畢生難忘的回憶，也對政局的演變，引起了波瀾。

康熙皇帝年邁之時，總為了立儲之事憂心忡忡。當時的四皇子胤禛和其他阿哥競爭激烈，宮廷氛圍起伏跌宕，直到弘曆的出現，讓老皇帝似乎看到未來的希望。康熙皇帝臨終前鄭重的交代：「諸子之中，皇四子胤禛最賢，朕逝後立為嗣皇；胤禛子弘曆有英雄氣概，必封為太子。」長達數十年的皇儲之爭終於落幕，弘曆對父親胤禛的即位，確實產生加分的功效。

雍正皇帝在位僅十三年，五十八歲時崩逝，弘曆即位的當天，便尊鈕祜祿氏為「聖母皇太后」，這時她已經四十四歲了。皇太后因為經年勞動，難得養尊處優，健康狀況遠比其他貴族硬朗，直到

八十六歲去世的前一年，還在兒子乾隆帝的陪同下遠赴泰山。乾隆皇帝強健的體魄，可能就是遺傳自母親的體質。

稗官野史總以海寧陳家大作文章，因為乾隆帝六次巡遊江南，其中有四次入住陳府，日後又在北京圓明園內，仿建陳府的「隅園」。後世於是杜撰雍親王的初生女嬰，被抱出宮廷而交換了陳家的男嬰，這個小男嬰就是弘曆。其實，乾隆帝南巡是為了勘察水利工程，並欣賞江南風光，他對陳府的庭園造景情有獨鍾，不表示他是陳家的子孫；況且，雍親王福晉生女，必須呈報宮內的「宗人府」，記錄於「玉牒」（即皇室祖譜），想要偷天換日可是難上加難。

另一件啟人疑竇的宮闈祕聞，就是關於兵部尚書福康安的身世之謎。福康安的父親傅恆，是乾隆帝皇后富察氏的哥哥。因為皇后早逝，乾隆皇帝對她的娘家特別關照，傅恆當了二十多年的大學士，家裡十幾個人都得到爵位，得以享受殊榮。

「陛下聖明，微臣的兩個兒子有幸迎娶公主，這老三福康安是否也能成為額駙，還仰望陛下定奪。」傅恆有心替兒子再攀一門親事。只見乾隆皇帝微笑不語。傅恆數次請示未果，旁人便妄加猜測，莫非福康安和皇帝有著不可告人的關係？

乾隆皇帝有十七個兒子和十個女兒。福康安是皇后的內姪，深受皇帝寵愛，八歲時便被帶到內廷，在御書房和諸位皇子一起學習，十二歲時被封為貝子，和皇子們同享特權。

福康安長大後果然未令皇帝失望，他擔任朝廷要職，也率軍征戰各地，當台灣發生民變「林爽文之亂」時，福康安親至台灣平亂，他足智多謀，勇猛善戰，難怪皇帝對他另眼相看。

坊間謠傳傅恆的妻子美麗動人，和皇帝產生私情，因而生子福康安；又說福康安生活奢華，皇帝知而不究。其實，乾隆皇帝執政的後期，國內貪腐現象嚴重，他自己曾感嘆：「各地官吏清廉者僅十之二、三。」親貴如福康安者當然不屬例外。所以，一切傳聞如同風拂浮萍，時聚時散，毫無史料佐證。只能說福康安的統御能力卓絕，建立戰功無數，好大喜功的個性，又和皇帝有幾分相似，以至於得到特殊的恩寵。福康安四十三歲時去世，乾隆皇帝痛哭失聲，賜諡他為「文襄」，追贈嘉勇郡王，配享太廟與開國元勳同列。始建於乾隆五十三年（西元一七八八年），現存於南台灣嘉義公園內的「福康安紀功碑」，供人憑弔之餘，或許正述說著這千古之謎。

明清時期

「東方明珠」的昔日

鴉片戰爭戰敗，滿清政府簽訂「南京條約」，這是中國簽訂的第一個不平等條約。

來到香港，總要乘船在「維多利亞港」遨遊一番，只見璀璨的燈火映照夜空，港灣的萬種風情盡收眼底；搭車前往「英皇道」，高樓大廈林立在街道兩旁，繁華現代的香港更令人驚豔。號稱「東方明珠」的香港，為什麼會有這麼多和英國相關的地名呢？原來，這和今人所視為毒品的鴉片，有著極大的關聯。

「來吧！試一口，保證快樂似神仙。」在朋友的慫恿下，純樸的莊稼漢拿起煙管吸了幾口，果然覺得神清氣爽，不由得讚道：「我已經好幾天沒精打采的，這下昏昏沉沉的感覺全沒了，鴉片這玩意兒還真是神了。」

鴉片是英文 Opium 的譯音，由罌粟製成，原產於埃及，上古時期的希臘人把汁液當成藥品。唐朝時，中國才向阿拉伯人學會了吸食之法，也將之當作一種藥劑，使用並不普遍；直到明朝以後，吸食者日增，被稱之為「抽大煙」。在位四十八年，而有二十多年不上朝面見大臣的明神宗，就是一個因為抽大煙而頹廢墮落的例子。

從十七世紀的清朝開始，吸食鴉片的方法和用具都更講究了。「不數年流行各省，甚至開館賣煙。」這是當時的記載，也因此引起英國商人的興趣。英國人先在殖民地印度廣植鴉片，再賣到中國獲取暴利。清初的嘉慶皇帝曾經下令嚴禁鴉片，但由於吸食者已經上了癮，官商勾結再加上走私，禁令形同虛設，鴉片輸入中國的數量依然節節上升。

到了道光皇帝時，朝廷發現白銀外流的情況嚴重，嚴禁鴉片已經刻不容緩；此時，朝廷裡卻出現另一派主張，被稱為「弛禁派」。大臣許乃濟等人上奏皇帝：「臣等以為吸食鴉片者一旦上癮，必定無所不用其極，藉以取得貨源，嚴刑峻法不足以根絕走私，不如將鴉片合法化，課以重稅，增加政府財源收入；或是規定英國人改採以物易物的方式，允許他們販售鴉片到中國，再將等值的中國產物買回歐洲，如此一來，既可促進中英雙方的通商利益，白銀也不致大量流失了。」

「正是如此，陛下明鑒，刑法只能約束官吏、士人和軍隊，可以明文規定他們不准吸食；但對民間百姓則是防範困難，還不如鼓勵人們種植罌粟，自行生產鴉片，洋人就賺不到咱們的銀兩了。」另有大臣補充說道。於是，道光皇帝接納了這一派的建議，將鴉片就地合法化，因為，他自己也抽大煙。

然而，白銀外流的現象日甚一日，鴉片對國計民生的影響甚鉅，皇帝轉而支持「嚴禁派」林則徐的主張，並以林則徐為欽差大臣，到廣州去查禁鴉片。英國不甘商業利益受損，決定在道光二十年（西元一八四〇年）發動戰爭，結果中國慘敗，這就是清末對外的第一仗——鴉片戰爭。

鴉片戰爭戰敗，滿清政府在西元一八四二年簽訂「南京條約」，把香港島割讓給英國，這是中國所簽訂的第一個不平等條約。不到二十年之間，中國又在英法聯軍之役戰敗，英法軍隊攻占了北京城，還燒毀了號稱「萬園之園」的圓明園，其中許多文物珍寶付之一炬，可說是藝術文化的一大浩劫！不但如此，英國迫使清廷再度簽約，獲得南九龍半島和許多新的權益。清廷還應允英、法的要求，在台灣開放了基隆、淡水、台南、高雄四個通商口岸，洋人開設「洋行」經商獲利，當時輸入台灣最大宗的商品，竟然就是鴉片！

當時的台灣民眾普遍缺乏醫學常識，認為鴉片可以排憂解勞，令人身心舒暢，交際應酬時更不可少，所以上癮的人數極多。於是洋人變本加厲，直接拿鴉片換取台灣的產品茶葉和糖，鴉片占全台所有進口物資中的百分之五十七，足見其影響力。直到清光緒二十一年（一八九五年），「馬關條約」將台灣割給日本，台灣才在總督府的控制下開始查禁鴉片，鴉片的危害逐漸終止；時至今日，在先進的醫學和保健觀念引導下，鴉片被視為「毒品」，再也無法堂而皇之的肆虐民眾了。

但是，甲午戰爭粉碎了中國近三十年的改革維新，中國海陸軍全遭敗北，和日本簽下「馬關條約」，割讓台灣、澎湖以及遼東半島。早已將遼東半島視為囊中物的俄國，發覺情勢有變，立刻假裝替中國主持公道，逼迫日本把遼東半島歸還給中國。「終於有人為我們伸張正義了！」中國朝野對俄國一致感謝。於是，在不戰而和的祕密外交下，清廷和俄國簽訂「中俄密約」，讓俄國輕易獲得許多權利。

其他國家發現俄國沒有發動戰爭，卻能獲得極多利益，便也改用威脅逼迫的方式，向中國強行租借港灣，甚至彼此劃分勢力範圍，幾乎把中國給瓜分了。例如：英國就強租了山東的威海衛、北九龍半島、深圳河以南、香港島四周以及大鵬灣、深圳灣附近的兩百多個大小島嶼和海域，統稱為「新界」，租期九十九年；而新界、南九龍半島和香港島則合稱為「香港地區」。這兒歷經英國一百多年的統治，使得香港地區處處充滿著大英帝國的風情，所以當地才會有許多和英國相關的地名。直到一九九七年，香港地區才回歸中國，被列為「特別行政區」。

當人們駐足「半島酒店」，欣賞英國女王維多利亞時代的建築風格時，不免憶及過往，香港曾是中國近代史上的一頁滄桑。

變法志士康有爲

康有為認為在光緒皇帝的支持下，必定「變則能全，不變則亡」。卻也得罪位高權重的大臣。

「臣等願竭盡所能，為朝廷效命，還望皇上保重龍體……」幾個大臣跪在地上不住的叩首，額頭的汗珠涔涔，他們的話還沒說完，已經被皇帝揮手制止。皇帝的臉色也不好看，他不僅冷汗直冒，眼淚幾乎更是奪眶而出。由於前線不斷傳來海、陸軍皆敗的消息，大清朝的國威再次遭受折損；而且，這一次將中國徹底擊潰的，竟是東鄰不起眼的小邦——日本！

「自強新政始自先皇在世時，為的是富國強兵，如今國未富而兵先敗，朕如何對得起列祖列宗？」光緒皇帝想起經營了三十年的改革，如今落到如此光景，不由得痛心疾首。這時中、日兩國發生「甲午戰爭」，時為清光緒二十年（西元一八九四年）。

「皇上，國防經費不足，海軍數年未曾添購新艦，以致戰鬥力不如日本，臣斗膽建言……」「你不必說了！太后挪用國防經費修建頤和園，朕豈會不知？只不過，朕萬萬沒想到，歷經嚴密訓練的大清朝新軍，竟是如此不堪一擊！」光緒皇帝頹然跌坐，似乎是萬念俱灰。

可是，年方二十四歲的皇帝不甘心坐以待斃，他總希望有所作為，力圖振作。

「朕不能成為亡國之君！」光緒二十四年，皇帝下令變法圖強，並大膽的起用漢人康有為、梁啟超師徒二人。

一八五八年，咸豐年間，康有為出生於廣東南海縣，世人稱「康南海」。他自幼篤信孔、孟儒家學說，認為儒道足以治國，即使面臨歐美國家船堅砲利的威脅，儒家理論仍然是萬世奉行的圭臬。

康有為家學淵源，祖父是道光年間的舉人，父親做過知縣。康有為二十歲以後才開始接觸西方文化，但是為了參加科舉考試而鑽研古籍，直到年近三十，到北京參加科考落第後，才讓他對傳統的寒窗苦讀之路產生了懷疑：「如果說畢生努力只為了博取個人功名，這對於兼善天下又有何助益呢？」

康有為南歸時途經上海，購買了大量西方書籍，開始接觸歐美的進化論理念和政治觀點，初步有了變法維新的新思維。「所謂適者生存，如果中國再堅持以不變應萬變，或許難以生存在這個日新月異的世界。」

之後，康有為再次到北京參加科考，藉機第一次上書光緒皇帝請求變法，建言卻未能上達。康有為灰心之餘，在廣州設立學堂，收徒講學，其中最賞識的學生便是梁啟超。

一八九五年，中日甲午戰爭，清廷戰敗，被迫簽下「馬關條約」。康有為到北京參加會試，得知又有一個不平等條約的簽訂，其中還割讓了台灣、澎湖，不禁使人憤恨不已，便聯合一千多名舉人一起上萬言書給皇帝，提出「拒和、再戰、遷都、變法」的主張，可惜意見又未上達；不過，他和梁啟超共同創辦的《中外公報》及在北京組織的「強學會」引領風潮，一時之間，各種學會、報館紛紛成立，全國風氣似乎為之一變。兩年後，爆發了列強強租中國港灣的事件，例如：德國占領山東膠州灣，康有為再次上書請求變法。光緒二十四年（歲次戊戌）一月，光緒帝下詔康有為陳述變法的意見，於是，他呈上《應詔統籌全局折》，又進呈所著《日本明治變政考》、《俄羅斯大彼得變政記》二書。接著，他和梁啟超組織「保國會」，號召救國圖強。該年六月，皇帝終於在頤和園召見了康有為，任命他為「總理衙門章京」，籌備變法事宜。

此時的康有為滿懷雄心壯志，認為在光緒皇帝的支持下，必定「變則能全，不變則亡」。於是康、梁等人草擬維新法則，內容大致可分為：實行君主立憲、整頓吏治財政、推廣新式教育、振興工商業。

具呈舉人康祖詒等
明詔行大賞罰
國命呈請代

但卻被人批評「規模太廣、志氣太銳、包攬太多、同志太孤」。例如：一道聖旨上面宣示「廢除八股文改考策論」，就讓無數傳統讀書人慌了手腳：「讀了一輩子的古文，皇帝老爺突然說改考其他的，這不是斷了咱們的生路嗎？」又如：「裁汰冗官」，多少皇親國戚因此失了富貴，雖然為朝廷精簡了人事，卻也得罪這批位高權重的大臣，他們轉而支持守舊派，處處阻撓改革，甚至暗中計畫反撲！

當然，最讓皇帝不安的，就是慈禧太后的態度。「老佛爺手握實權，聖上有心無力，改革恐怕難成其事！」康有為似乎感受到山雨欲來的徵兆，果然一場血腥的政變正鋪天蓋地而來。

守舊派以迅雷不及掩耳的手段先發制人，改革維新僅只有一百零三日，所以「戊戌變法」又稱「百日維新」；所有新政被廢，只留下一間「京師大學堂」（今北京大學的前身），光緒皇帝遭到軟禁，慈禧太后重新臨朝聽制，此即「戊戌政變」。

變法失敗後，康有為得到外籍牧師的協助坐船逃到上海，再透過英國領事館的協助，輾轉直奔香港，再由香港逃往日本。康有為的弟弟康廣仁則因逃亡不及，和參與變法的幾人一起被殺，史稱「戊戌六君子」。

康有為在海外組織了「保皇會」，對慈禧專權大肆抨擊，他主張開明專制，反對孫中山的革命。為了獲得國際支持，他還赴歐遊歷，向各國陳述中國不可一日無君，皇帝是正統領導人的想法。但隨著時代的劇變，孫中山所領導的辛亥革命在一九一一年成功，康有為於一九一三年回國，主編《不忍》雜誌，繼續支持帝制，反對民主共和。民國初年，軍閥擁權亂政，康有為和效忠清朝的軍閥張勳發動復辟，擁立清朝遜帝溥儀登基，卻在十二天後宣告失敗。

康有為終其一生效忠於清朝，溥儀被軍閥逐出紫禁城，他還親自到溥儀居所探望。後人譏其愚忠不知變通，讓他在一九二七年抱憾以終，或許，這正是時代所造成的悲劇吧！

隆裕皇后的深宮怨

才貌雙全的珍妃，不僅可以暢談國事，更支持皇帝改革維新，隆裕皇后則備受冷落，獨守空閨。

望著蠶寶寶蠕動軟軟的身子，一口一口吞蝕著桑葉，隆裕皇后露出滿意的笑容。「這些小東西多容易滿足。」一旁伺候的宮女看到皇后今天心情好，趕忙陪著笑臉說道：「是啊！過不了兩天就可以吐絲結繭了。」隆裕皇后聽後臉色突然一沉，無預警的大喝一聲：「你胡說些什麼？」宮女嚇得不知所措，趕忙跪下磕頭：「奴婢該死，求娘娘息怒！」宮女完全不明白自己是哪兒犯了忌諱，只有隆裕皇后心裡有數，這吐絲成繭的蠶兒，多像是她這作繭自縛的一生啊！

隆裕皇后的丈夫，是大清朝的光緒皇帝，即位時只有四歲，他的母親是慈禧太后的妹妹。慈禧指定光緒當皇帝，正是因為他年紀小，自己能藉機掌握大權，再加上有血緣關係，即使日後皇帝長大親政，也不敢得罪慈禧這位姨媽。

隆裕皇后本名靜芬，她的父親桂祥是慈禧的親弟弟。慈禧還有一個弟弟照祥，因為早逝，桂祥便得到慈禧處心積慮的培植。可惜桂祥根本不求長進，整天渾渾噩噩的吸鴉片，慈禧屢勸不聽，便把主意動到桂祥的女兒靜芬身上。

「這靜芬雖然姿色平庸，但總叫我一聲姑姑啊！哀家絕不能把她擱著不管。」慈禧嘴上這麼說，其實是想藉由靜芬來操控皇帝，那就是把靜芬嫁給光緒皇帝。「皇帝和靜芬從小玩在一起，哀家這個安排真是天作之合。」慈禧的如意算盤是引進娘家的勢力，完全不顧當事人的好惡。

光緒皇帝從小便對慈禧太后心存畏懼，不僅在國事上唯命是從，連自己的婚姻大事，也不敢拿定主意。靜芬比光緒帝大三歲，兩人是表姊弟，單純的姊弟親情，很難轉換成男女之間的愛情。可是，就在光緒十四年（西元一八八八年），靜芬竟然和其他秀女一起進宮，等著皇帝欽點，成為大清朝的皇后或貴妃。

九十六名秀女經過三輪的淘汰，只剩下靜芬和江西巡撫德馨的兩個女兒，以及禮部右侍郎長敘的一對姊妹花。「這五個人之中，德馨的兩個女兒端莊秀麗，長敘的兩個女兒更是豔冠群芳。」「是啊！相較之下，桂祥的女兒實在是……」「小聲一點兒！老佛爺聽到了可不得了。桂祥的女兒要是當不成皇后，誰擔待得起啊！」榮壽公主等人在一旁議論紛紛。

選后的過程中，慈禧太后一直盯著皇帝的一舉一動。光緒皇帝目光灼灼，只要將手中的玉如意交給其中的一名女孩，她就是皇后。正當光緒帝走向德馨的女兒身旁，準備伸手遞出信物時，慈禧突然大喝：「皇帝！」光緒帝一臉茫然，在太后的眼神暗示下，只好將玉如意交給表姊靜芬，慈禧立刻露出滿意的笑容。這時，一旁的榮壽公主趕忙出來打圓場。公主是慈禧的義女，也是光緒帝的堂姊，她最明白太后的心思，一定要欽點自己的家人為后，但是又看出堂弟並不喜歡靜芬，便把另一份信物繡荷包交給長敘的兩個女兒，冊封她們為妃，和皇后一起進宮，這對姊妹就是瑾妃和珍妃。

光緒皇帝無法接受表姊成為妻子的事實，再加上隆裕皇后的思想守舊，缺乏見識，皇帝覺得和她是話不投機半句多；反倒是才貌雙全的珍妃，不僅可以暢談國事，還支持皇帝主持改革維新。於是珍妃和皇帝形影不離，隆裕皇后則是獨守空閨，備受冷落。慈禧太后也無可奈何。

光緒二十四年（西元一八九八年），「戊戌變法」引來守舊勢力的反撲，新法悉數被廢，皇帝還被囚禁在瀛台，慈禧太后再度把持政權。光緒皇帝和珍妃分隔兩地不得相見，而皇后仍舊孤伶伶獨居在宮中。只有每個月的初一和十五，皇后得以前往瀛台探視皇帝。

「皇上吉祥，臣妾……」「你跪安吧！」光緒皇帝連頭都不抬，就示意皇后離開。皇后次次受到冷落，只好到慈禧面前哭訴。「唉！你吸引不了皇帝的關愛，哀家也是愛莫能助啊！」慈禧嘴上說得輕鬆，心裡對珍妃的怨恨日益加重，她不只一次命人責打珍妃。珍妃雖然受苦，卻明白皇帝對她的摯愛不渝；反倒是盛氣凌人的皇后，雖然倚恃太后為靠山，卻是寂寞難耐，苦悶難當。

兩年後八國聯軍直逼北京，慈禧太后宣召珍妃覲見。「洋鬼子兵臨城下，哀家不得不暫時迴避，帶著你很是不便。」太后冷冷的說道。「臣妾不走，臣妾要留在京師陪伴皇上。」珍妃堅決的表示。「住口！你死到臨頭了還不知罪。」太后怒不可遏。「臣妾要面見皇上，臣妾何罪之有？」珍妃的勇敢，敵不過慈禧太后的陰狠，她命人將珍妃拋入井中淹死，光緒帝得知後痛哭不已，從此不再跟皇后相見。

光緒三十四年（西元一九〇八年），皇帝和慈禧太后在兩天內相繼去世，三歲的溥儀繼承皇位；隆裕皇后成為太后，卻面臨更加險峻的局面。因為革命黨的聲勢銳不可擋，隆裕太后毫無政治經驗，只會抱著溥儀大哭。西元一九一一年，武昌起義成功，各省紛起響應，隆裕太后隔年頒布溥儀的退位聖旨，結束了滿清政權，自己悲苦淒涼的生命也走到盡頭，她飲食無味、生活失序，身子很快便撐不住了。她在一九一三年去世，年僅四十六歲。而光緒皇帝的死因始終成謎，近世查驗其遺骸體內的含砷量，是正常人的兩千倍。可是，又是誰下手毒殺了皇帝呢？這夫妻二人的命運真是令人唏噓！

明清時期

呼天不應的義和團

八國的十萬大軍一出動，號稱刀槍不入的義和團，血肉之軀敵不過洋人的槍砲，根本是「呼天不應，叫地不靈」。

一場初冬的瑞雪，把北京城覆蓋成銀色世界。慈禧太后捧著茶盅端坐窗前，眉宇間略顯愁容。「老佛爺，天降瑞雪，這可是來年豐收的好兆頭啊！」總管太監李蓮英在一旁陪著笑臉。「唉！哀家擔心的是洋鬼子，這批人糾纏不休，還真難應付。」慈禧太后所言不虛。自從鴉片戰爭以來，朝廷沒有一次不是鎩羽而歸，接踵而至的簽約議和，更讓大清朝尊嚴掃地，兵連禍結，喪失的權益簡直是難以數計。

這時候，大學士徐桐前來覲見。「微臣叩見太后，太后吉祥。」「起來說話。」徐桐的行事風格保守，思想迂腐顢頇，一向為光緒皇帝所不喜，但他對慈禧太后畢恭畢敬，倒是太后跟前說得上話的紅人。

「微臣聽說這民間有一批團練，志在驅逐洋寇，護衛中原。四處高喊：『洋人上欺君臣，下壓百姓，神人共怒』。」徐桐所描述的，便是起於山東的義和團。

山東的民風剛強，素來便是好漢聚集之地。章回小說《水滸傳》裡的「梁山泊」，就發源於山東省鄆城縣。山東也是天主教傳教士活躍的地區之一；但是自從德國取得山東權益以後，傳教士依恃德人勢力，強占田產、重利盤剝、勒索訛詐，囂張日甚，連官府也受其挾制。

百姓蒙受洋人欺壓，又知朝廷畏懼洋兵洋將，便自己組織團練，初名「義和拳」，後更名為「義和團」。他們自稱祈禱後能夠降神附體，金刀不入，槍砲無傷。「義和團」所要對付的洋鬼子，剛好符合朝野間仇洋反教的心態。

「天靈靈、地靈靈，奉請祖師來顯靈。一請唐僧豬八戒，二請沙僧孫悟空，三請二郎來顯靈，四請馬超黃漢升……」只見義和團搭起神壇，個個摩拳擦掌，口中念念有詞，煞有其事的演練起來。

「胡扯！來人啊！把這些妖言惑眾的人全都抓起來，立刻處決。我倒要看看他們是不是真的能刀槍不入！」山東巡撫袁世凱不信義和團這一套，命令一出，沒多久便肅清境內的義和團。不過，義和團餘眾轉向直隸省（河北省）發展，聲勢似乎更加浩大。而袁世凱的兄長袁世敦，因為剿辦義和團遭到罷黜，更讓義和團覺得是有恃無恐。

此時，朝政大權由慈禧太后掌控。所以，太后的態度最為關鍵。「洋人損我軍隊，犯我領土；又支持變法，救援康、梁這批亂黨，簡直是罪無可赦！」

「太后聖明，臣等聽聞『虎神營』英勇威武，最為洋人所懼。」「是啊！這端王爺統率的『虎神營』，『虎』正足以食『羊』（洋），『神』又能制『鬼』，洋鬼子再厲害也施展不開了。」「啟稟太后，義民們手持『陰陽瓶』、『青火扇』、『如意鉤』等八寶法器，還有濟顛佛祖、哪吒三太子的十萬神兵相助，一定可以打敗洋人。」徐桐和毓賢、榮祿這批大臣一搭一唱的，把義和團形容得出神入化。

鬱悶已久的慈禧太后十分振奮，再看到義和團高揭「扶清滅洋」的大旗，士氣如虹的吶喊：「大法國，心膽寒，英美德義盡消然；洋鬼子，盡除完，大清一統靖江山。」一時之間，大家都沉醉在異想天開的期盼中。於是，義和團在慈禧太后的縱容下，號召各路人馬對付洋人，開始拆教堂、壞鐵路、焚洋樓、毀電線，北京城頓時陷入無秩序的狀態。更嚴重的是，這批暴民衝入外國使館區，殺了日本大使館的書記官和德國大使，慈禧太后還公然向世界宣戰，時為光緒二十六年（西元一九〇〇年）。

此舉引發英、美、德、法等八國一共十萬大軍的出動，清軍立刻鳥獸潰散，北京城裡的居民成為聯軍屠戮的對象。「街上屍體枕藉，官員多舉火自焚。大約禁城之內，百家之中，所存不過十室。」「觸目蕭條，雖有人煙，亦甚寥寥，存者惟狗而已。」這是「八國聯軍」自身對當時的描述。

至於號稱刀槍不入的義和團，血肉之軀敵不過洋人的槍砲，根本是「呼天不應，叫地不靈」。洋人犧牲了三百人，中國的百姓被殺成千上萬！慈禧太后於聯軍進城的次日，帶著光緒皇帝和親貴大臣倉皇西逃。「連日急行，不得飲食，既冷且餓。昨夜我與皇帝僅得一板凳，相與貼背而坐；皇帝蓬頭垢面，憔悴已極。」這是慈禧太后事後的回憶。

慈禧太后逃抵西安，揮霍一如往日，榮祿等人生活適意，聲色歌舞如故。他們把與八國談判議和的重任，交給七十九歲的李鴻章。「洋人要求交出禍首，我等豈能將太后交予洋人發落？」李鴻章憂心焦慮。最後簽訂「辛丑和約」，賠款四萬萬五千萬兩。相當於中國當時五年的總收入，也等於是每一個百姓都要負擔白銀一兩的賠款。加上三十九年內分期付款四釐的利息，共計九萬萬八千萬兩；而其他屈辱的條款暫且不列，這已是有史以來，賠款數目最多的條約。至於慈禧太后則在聯軍撤退之後，安然的由西安回鑾北京，所過之地修築御道，繕治行宮，接受地方朝貢，風光不減絲毫，以致裝載箱籠的馬車多達三千輛，與當日出奔逃亡時的狼狽，竟不可同日而語。

「五九國恥」的祕辛——袁世凱

陸徵祥明白「二十一條要求」是喪權辱國，但他畏懼袁世凱的威勢，只能隱忍不說。

「萬歲，萬萬歲！」袁世凱遠望紫禁城，冥想著百官齊跪、萬民臣服的盛大場面。雖然已經是中華民國了，皇帝專制的政體也正式告終，不過，登基稱帝一直是袁世凱處心積慮的目標。

袁世凱以勸說清帝退位為由，向孫中山爭得第二任臨時大總統的職權；又用威脅利誘的手段，成為中華民國第一任正式大總統，一手掌控北京政府大權。反倒是孫中山領導的革命黨人，在一連串的起義、犧牲，推翻滿清之後，卻遠遠被摒棄在權力核心以外，對袁世凱蓄意稱帝、違法亂紀的行徑，幾乎是束手無策！

當時中國東鄰的日本，不僅看出民國初建的混亂，更洞悉袁世凱個人的私慾，於是派出外交精英日置益，打著「維護東亞和平」的口號，和袁世凱政府展開協商。

「我日本國以天皇為尊，中國若能改行帝制，則與日本國體相同，敝國自然樂於相助。」日置益開門見山的表示，願意支持袁世凱的計畫，並且具體提出金錢援助，讓袁世凱大為動心。

東京帝國大學法律系畢業的日置益不是泛泛之輩，他先後擔任過駐美、俄等國的大使，精於斡旋談判，察言觀色，如今一看袁世凱的表情，就知道日本的計謀成功了一半。接著，日置益又提出支持帝制的交換條件，就是著名的「二十一條要求」，時為民國四年的一月十八日。

「大總統可能有所不知，敝國輿論界近日群情激昂，甚至有不少重量級人士，暗中資助孫先生的革命黨，想要顛覆北京政府。為確保中日雙方合作，大總統還必須深思熟慮，敦睦中日情誼。」日置益語帶威脅的點出重點，正戳中袁世凱的痛處，因為唯有孫中山的革命黨人可以發揮力量，一舉殲滅袁世凱的皇帝夢。

眼見袁世凱蹙眉沉思，日置益乾脆把「二十一條要求」挑明了說：「以後中國沿海所有港灣、島嶼將不准租讓給他國。中國最大的國防工業『漢冶萍公司』必須由中日合辦，日本有權開採公司附近的礦山。日本在中國山東享有特權，並且增開商埠給日人經商。日本在南滿及蒙古享有土地租借權及所有權，日人得以自由經營工商業並可開採礦產，中國如允許他國在該區建造鐵路，必先徵求日本的同意。中國的中央政府必須聘用日本人擔任政治、財政、軍事顧問，地方警察局則改為中日合辦，須聘請日本人為指導，以改良各地警政……」

面對這麼苛刻的條款，無異是斷送中國的主權，依附在日本的統治下，袁世凱一時間拿不定主意。「先把外交總長找來談談吧！」袁世凱想用緩兵之計敷衍日置益，但日置益是有備而來，他早已備妥「二十一條要求」的條款，還詳附中文翻譯，自行送外交部，作為日後談判的根據。

其實，日置益早在與中國交涉前，就已蒐集充分的情資。當時歐洲正爆發第一次世界大戰，德、法等強國無暇東顧，英、俄等國插手干預中國內政，力倡西藏和蒙古的獨立。袁世凱態度曖昧不明，遲遲不願表態，絲毫不敢得罪英、俄，為的是換取他們對帝制的支持，這讓日置益更有把握。

「這位袁大總統早已經被私慾蒙蔽，最終還是難以掙脫我日本的控制！」日置益猜得沒錯，為了穩坐龍椅，袁世凱先下令撤換了外交總長孫寶琦，改派自己的親信陸徵祥走馬上任。

「孫寶琦的女兒是袁大總統的兒媳，兩家有著姻親關係，如今他遭撤換，對你可是升遷之福？」陸徵祥的外籍妻子深感憂慮。陸徵祥心裡明白，孫寶琦屢次表示不支持帝制的進行，才會遭此下場，如今自己貴為外交總長，不過只是袁世凱使喚的奴僕！陸徵祥奉命從民國四年一月開始和日置益談

判。當時的新聞界受控於袁，不時刊登：「大總統與陸總長多次面談，主張和平了結此次交涉，維繫中日之友好。」

「中日真的友好嗎？」儘管陸徵祥心裡一再出現問號，也明白「二十一條要求」根本是喪權辱國，但他畏懼袁世凱的威勢，為保全官位，他只能隱忍不說。

午夜夢迴，陸徵祥內心難免掙扎，以至於談判延宕到五月七日，中國方面遲遲不願簽字；這時，日置益的態度變本加厲，要求速戰速決：「帝國政府已經忍無可忍，如得不到貴國所給令人滿意的答覆，日本將採取必要的手段。」他下達四十八小時回覆的最後通牒。此舉讓陸徵祥慌了手腳，袁世凱親自主持緊急會議，最後終如日本所願，中國覆文屈服，史稱「五九國恥」。

消息傳出舉世譁然，一般國民視之為奇恥大辱，僅有趨附袁氏政權的報紙，吹捧為「大總統和陸總長維護東亞幸福。」陸徵祥卻是寢食不安，難逃良心的譴責。

次年，袁世凱正式稱帝，不過，就在四方撻伐聲討中，帝制只維持了八十多天便告終結，袁世凱羞憤而死。至於陸徵祥則在妻子病逝後到了歐洲，在妻子的家鄉比利時做了教士，以研讀《聖經》沉浸心靈，遠離紅塵俗世的紛紛擾擾。

民國時期

護國將軍蔡鍔

蔡鍔和唐繼堯組織「護國軍」，反對袁世凱稱帝。他以一千三百多人的兵力，對抗袁世凱的上萬部眾。

「天助威，神助拳，只因鬼子鬧中原；如不信，仔細觀，鬼子眼睛俱發藍……。」當義和團的呼聲震天，聲勢席捲北京時，尚在日本求學的蔡艮寅忍不住慷慨發言：「老師，這批妖徒高唱扶清滅洋，想要借助孫悟空、三太子等神明附體，刀槍不入的功力，去剷除英美等國的進逼，豈不是荒謬至極！」

「你說的沒錯，洋人欺凌中國確是事實，但如果不能以改革使國家強盛，而迷信神權妖術救國，簡直就是飲鴆止渴。唉！無奈慈禧太后和朝廷的當權派卻深信不疑，我看中國將是大禍臨頭。」梁啟超頻頻嘆息。他剛經歷了一場政變，戊戌變法的改革新政，被慈禧太后一手搗毀，從事變法的志士多人遇害，自己僥倖能亡命海外，和蔡艮寅這批學生彼此照應，並且暢談國事，倒也不失安慰。

事情發展果如梁啟超所言，義和團誤殺洋人，引發八國聯軍的大禍，慈禧太后和光緒皇帝倉皇逃到西安，北京城慘遭屠戮，百姓流離失所不知凡幾。愛國心切的蔡艮寅決定返國，以革命的方式推翻清朝，可惜功敗垂成，同伴多人犧牲，他機警的逃脫追捕，重返日本後改名蔡鍔，源出自《漢書・蕭望之傳》的「底厲鋒鍔」。蔡鍔決定以軍事力量報效國家，奉獻生命在所不惜。

蔡鍔出生在湖南邵陽，自小聰明伶俐，十六歲進入長沙時務學堂，是梁啟超四十名學生中，年紀最小的一個。可惜半年後戊戌新政被廢，學堂遭撤，蔡鍔便和同學們一起東渡，到東京追隨梁啟超，後來又進入日本陸軍士校就讀。

蔡鍔二十三歲時回國，盛京將軍趙爾巽，雲南巡撫端方和廣西巡撫李經羲（李鴻章的姪子）三方面爭取，最後蔡鍔投效李經羲，在廣西訓練新軍，並編寫了《曾（國藩）胡（林翼）治兵語錄》，後來經過蔣介石的增補，成為黃埔軍校的必修課程。

西元一九一一年，孫中山策動武昌起義，蔡鍔已對清廷徹底失望，便在昆明響應，此時慈禧太后已逝，六歲的宣統皇帝在位，無法撲滅各地的革命風潮，於是大清王朝結束，中華民國在次年元旦正式成立。

蔡鍔被任命為雲南都督，他治軍嚴格，為人剛正，謹守「不怕死、不愛錢」的原則，率先把自己的薪俸由六百元降到六十元。可是，並非每個人都能忠心愛國。當時的總統袁世凱大權在握，他解散國會，延長總統任期，擅自向外國銀行借款，還暗殺了反對他的國民黨領袖宋教仁，公然為自己的帝制鋪路。

「可惡！中國歷經二千一百多年的皇帝制度，好不容易結束了，現在又有人做起了皇帝夢！」「可是，宋教仁被殺令人膽戰心驚，您還是小心為妙，不要得罪袁世凱。」蔡鍔和幕僚就事論事。

袁世凱感覺蔡鍔如同芒刺在背，便於民國二年召蔡鍔入京，名義上是重用蔡鍔的軍事長才，實際上則是就近監控。

蔡鍔表面上對袁世凱恭謹順從，還收了其子袁克定為徒。看似一團和氣，卻是暗潮洶湧。

「蔡鍔這個人城府頗深，給我牢牢盯緊他。」袁世凱布下眼線，監視蔡鍔的一舉一動。

蔡鍔知道自己插翅難飛，軍隊遠在雲南，只好暫時與袁世凱虛與委蛇，對外宣稱袁是「閎才偉略，眾望所歸，一代偉人，中外欽仰。」似乎是支持袁世凱稱帝，其實內心卻在深思熟慮。

「我該如何離開北京，返回雲南，領兵對抗袁世凱呢？」蔡鍔總在夜深人靜時苦思。有一天，他突然心生一計……。

北京的八大胡同是著名的飲宴場所，袁克定喜歡拉著蔡鍔一同前往。蔡鍔因此認識了歡場女子小鳳仙，此女雖然年僅十六，但是粗通文墨，對政治演變也頗有一番看法，和蔡鍔談話特別投緣。當時蔡鍔年逾三十，和妻子潘蕙英感情甚篤，於是他和妻子商議，決定以小鳳仙為主角，表演一齣遮人耳目的戲。

「蔡將軍愛美人不顧江山。」外界開始謠言紛飛。因為，蔡鍔終日流連在小鳳仙的住所，親書「不信美人終薄命，古來俠女出風塵」送予小鳳仙。蔡鍔醉臥美人鄉，還和妻子發生爭執，甚至大打出手，鬧出離婚風波。

蔡鍔一氣之下把妻兒送回雲南，更方便和小鳳仙成雙入對。其實小鳳仙並不知道太多詳情，因為蔡鍔不想讓她牽扯其中，以免日後引來袁世凱的報復。小鳳仙善體人意，也能多方配合，讓蔡鍔一步步實現計畫。

「沒想到英雄難過美人關，蔡鍔不過爾爾！」袁世凱逐漸放鬆對蔡鍔的監控。到了民國四年十一月中旬，蔡鍔故意宿醉在小鳳仙住處，趁機溜到火車站，坐上開往天津的列車，再出國輾轉返回雲南，時為十二月底。袁世凱得知後不禁大嘆：「我一生騙人，沒想到竟被蔡鍔給騙了。」

蔡鍔和唐繼堯組織「護國軍」，發動雲南起義，反對袁世凱稱帝。他以一千三百多人的兵力，對抗袁世凱的上萬部眾。此時的蔡鍔喉疾不時發作，他經常躺在擔架上指揮作戰，還以鞭炮聲充當槍聲，以稻草人在夜裡假扮士兵，艱苦應戰。經過數月的努力，以及廣西、貴州等地的聯合，袁世凱終於在民國五年的三月底，宣布取消帝制，並於該年的六月病逝。

蔡鍔打響了反袁的第一槍，僅只八十三天的「洪憲帝制」結束，中華民國的民主政體重新恢復。可是蔡鍔也耗盡了體力，於民國五年年底病逝在日本福岡，年僅三十四歲。

蔡鍔的靈柩返國後，在湖南長沙舉行了隆重的儀式，是為國喪的第一人，被封為「護國將軍」。蔣介石曾評蔡鍔是：「慮事至精，許國至忠，赴難至勇，為我軍人之楷模。」

後人總喜歡拿蔡鍔和小鳳仙的故事加以渲染，因為當時有人替小鳳仙代筆，寫了一幅輓聯：「不幸周郎竟短命，早知李靖是英雄。」其中的周郎，是指三國時期英年早逝的周瑜；而李靖則是協助唐太宗建立霸業的風塵三俠之一，借代譬喻倒有幾分神似。

真正的小鳳仙並不如戲劇中傳奇，她改名「張洗非」，過著平淡的日子。她經常拿出蔡鍔的照片，緬懷這位英雄為國家所做的一切，倒也像是回憶自己的青春年少。

民國時期

一代宗師女刺客

施劍翹

「為報父仇不顧身，劍翹求死不求仙。」不難看出她的意志堅決。

影星章子怡在二〇一三年因為《一代宗師》勇奪金馬獎最佳女主角的獎項。她在片中所飾演的角色宮若梅（宮二），就是影射民國初年的女刺客施劍翹，為報父仇而奮不顧身。

「施老，當俘虜的滋味不好受吧！」孫傳芳斜躺在煙榻上吸鴉片，大刺刺的對著施從濱說道。施從濱比孫傳芳年長了將近二十歲，還是恭敬的行了一個軍禮，然後回答：「勝敗乃兵家常事，但是您拍了三封電報，要我背叛軍隊而投靠您，那是我做不到的事。」「嘿嘿！這番話你去跟閻王老子說吧。」孫傳芳一聲令下，施從濱被梟首示眾，曝屍三日。百姓知道孫傳芳的殘暴，大家閉口不言，施家的人在教會的協助下，草草的料理了喪事。

號稱「東南王」的孫傳芳，是長江流域勢力最大的軍閥頭子，掌控蘇、浙等五個省分，自稱是五省聯軍總司令，擁兵二十多萬。在這個軍閥混戰的民國初年，孫傳芳殘殺手下敗將始非今日，但對施從濱的女兒施谷蘭來說，卻是椎心刺骨之痛。「我一定要報仇！」谷蘭心中暗下決定。不過，她只是個年僅二十的弱女子，想要找大軍閥算帳，這比登天還難。

「翹首望明月，拔劍問青天。」谷蘭喃喃唸道。於是，她改名施劍翹，先把希望寄託在堂哥施中誠的身上。「妹妹，你我同心協力，復仇必能成功。」施中誠自小被施從濱收養，如今被栽培成為一名軍官，信誓旦旦的要為養父報仇。

可是，幾年過去了，施中誠仕途順遂，一路升遷，逐漸淡忘了報仇這件事。施劍翹失望極了，便嫁給父親的一名部將施靖公，因為施靖公答應她，一定會協助她的復仇計畫。

數年匆匆而逝，施劍翹成了兩個孩子的母親，丈夫絕口不提報仇的事，而且不准妻子過問。「休提此事！你還想無端的冒險，置家庭於不顧嗎？」施靖公凶惡的說道。

施劍翹傷心欲絕，決定離開夫家自謀發展。於是，她帶著兩個稚子，由山西太原返回天津的娘家，這時距離父親去世，已經整整十年了。

「為報父仇不顧身，劍翹求死不求仙。」從施劍翹的詩句中，不難看出她的意志堅決。可是，她連仇人長什麼樣都不知道；而且，自己這一雙「三寸金蓮」走路不穩，如何當個身手俐落的女刺客呢！

施劍翹做了一個重大的決定，去醫院接受「放足」的手術。「你的腳趾因為纏足而變形，這個手術耗時將近一年，要把趾骨打斷拉直，再接上重新癒合，你受得了這種痛苦嗎？」醫生用X光片解釋著。施劍翹撐過了手術期間所有的苦楚，她終於可以像一般人正常行走了。

有一天，當施劍翹行經一個算命小攤子時，聽到老闆大聲吆喝：「我這批流年可準得很哪！鼎鼎大名的『東南王』都來找我，大家瞧瞧，這就是我和孫傳芳的合照。」施劍翹看了個仔細，記住孫傳芳的長相。

這一天是亡父的生日，施劍翹到廟裡上香，和住持隨口聊著：「師父，這些誦經祈福的事可有功效？」「自然是有的，所謂心誠則靈啊！你看那孫傳芳過去殺人如麻，如今皈依佛門，不也變得慈眉善目嗎？」施劍翹立刻進一步的追問，師父又說：「孫傳芳現在改名智圓，常在仁昌廣播電台解說佛經，還擔任『居士林』佛堂的副林長，下面有三千多名信眾。」

施劍翹立刻以「董慧」的化名，也加入居士林，終於見到殺父仇人孫傳芳。

佛堂裡善男信女人數頗多，施劍翹很難下手；而且，她也沒有武器可以使用。這時，她的幼弟從日本留學回來，慷慨激昂的想要加入復仇計畫。「不行！你得留在家裡照顧母親，還有我的兩個孩子，萬一我犧牲了，他們就全依靠你了。」施劍翹一一交代，並在弟弟的協助下，印製了數十張傳單，上面說明她刺殺孫傳芳的動機，以及自己坦然面對法律制裁的決心。

過了不久，弟弟的軍校同學朱其平路過天津，順道來施府拜會，並把隨身攜帶的一把伯郎寧手槍，暫時存放在施家。「這真是天助我也。」施劍翹心中盤算著，近幾日便可展開行動了。

一九三五年的十一月十三日，施劍翹依例來到居士林佛堂，屋外下著滂沱大雨，前來參拜的信眾不多。「他大概不會來了！」不料孫傳芳竟然出現了，施劍翹立刻回家拿了手槍和傳單，返回居士林開了槍，當場撒下傳單，自己也被押入監獄待審。

此案造成全國性的轟動，天津地方法院判處施女十年徒刑，但輿論一致支持她是出自孝思而奮不顧身，且能坦然自首接受懲處，經河北省高院改判為七年有期徒刑。

「如果因為孝心而殺人無罪，那麼我孫家震將來也可以對施家的子孫動手報復嗎？」孫傳芳的兒子提出質疑。於是，報紙每天都有不同的篇章，形成傳統道德追求與現代司法判決的拉鋸戰。甚至驚動到國民政府主席林森，和最高統帥蔣介石。

施劍翹在獄中服刑九個月又二十六天後，獲得「訓政時期約法」的特赦，理由是「其志可哀，其情可原」，看來百善孝為先的觀念依舊深植人心。她在十年後正式皈依佛門，兩個兒子從軍報國，立下不少戰功，紅塵俗務似乎已成過眼雲煙。

平民教育之父 晏陽初

晏陽初在惡劣條件下，以最精簡花費，爭取最大成效；以最短時間，造就最佳成果。

簡陋的棚帳外擠著一群人，裡面也有不少人圍坐在桌前，靜靜的聆聽一名學者說話，他並不是談論學術思想，而是基於同胞愛，為這群不識字的工人朗讀信件，這個人就是晏陽初。

一八九三年，晏陽初生於四川，曾在成都求學，之後又轉赴香港就讀，二十六歲時前往美國，以優異成績畢業於耶魯大學。以他的學歷，可以在民初的政府機關謀個官職，但他卻應募來到法國，投入為華工服務的工作，時為民國七年，西元一九一八年。此時歐洲正陷於第一次世界大戰，二十多萬名華工為了生計，在惡劣的環境裡做苦工，挖戰壕、搬器具，每天要工作十六小時，還得忍受管理人員的辱罵，被法國軍官譏為「苦力」。他們苦不堪言，思鄉情切，唯一的精神慰藉，就是接獲遠從中國寄來的家書。

「謝謝！知道家裡老小平安，我就放心了。」「我娘身體不好，我得多寄點錢回去，謝謝你告訴我這件事。」華工們一個個雙目含淚的離開棚帳，對晏陽初千恩萬謝。因為他們不識字，即使接到家書也看不懂，還有賴晏陽初逐字逐句的念給他們聽，然後再為他們代筆回信，每晚幾乎都有數十人向晏陽初求助，讓他百感交集。

「這些來自於中國農村的貧苦農民，自小飽嘗艱辛，從沒享過清福，如今為了生計，來到異國他鄉做工，怎麼可能有機會讀書識字呢？」讀信的同時，晏陽初萌發大膽假設：「如果教導華工識字，不知是否可行？」但轉念一想：「他們工作那麼累，還有精神學習嗎？毫無基礎又學得來嗎？」

晏陽初還是決定放手一搏，他嘗試性的在白朗工地開辦第一間華工識字班，招收四十人，每天練習一小時，四個月後，竟有三十五個人學會了一千多漢字，可以自己動手寫信！

這個出乎意料的結果讓晏陽初大受鼓舞：「華工寧願犧牲休息時間，也要學會寫字，真令人感動！所以他們並不是不可教，是根本沒機會受教育！」在與華工相處的日子裡，晏陽初發現他們一點都不笨，而且個性純樸，肯吃苦耐勞，只是缺乏受教機會；他又想到全中國有近八成民眾是文盲，那些人又該何去何從呢？

晏陽初當年在耶魯大學主修政治學，原打算學成歸國後，推動民主政體的改革，讓中華民國躋身先進國家之林。可是，這種從上而下的理念，在他自法國返鄉後，產生了極大的轉變。「學者專家批評基層民眾是愚、窮、弱、私，殊不知這是因為他們沒有接受教育，如果連基本的讀和寫都不會，又如何改善這些不良的習性呢？」於是，晏陽初發動了「從下而上」的平民教育，並且擬定了文藝、生計、衛生和公民教育四大領域。

晏陽初的提案吸引不少知識分子的注意，八個博士自願加入此一計畫，他們選擇河北省定縣為試辦場所，編寫了千字課、諺語、故事、歌謠等多種平民讀物，還舉辦徵文、歌詠比賽等藝文活動，讓大家徹底脫離「目不識丁」的行列。

「傳統農村的落後是因為無知，所以在說文解字的同時，也必須加強宣導農業改革的重要。例如：病蟲害防治、品種改良、建置產銷供需管道等等，相信一定能提升農民的獲益。」

此外，晏陽初也注意到農村衛生條件惡劣的情況，他建議設置保健所，配置保健員，讓民眾的健康有所保障。

事實證明，定縣居民的砂眼症和皮膚病因此獲得改善，就是推動衛生教育的成果。

「所謂『民為邦本，本固邦寧』，人民是國家的根本，他們善良勇敢的本質，是極為可貴的情操，值得我們學習；絕對不能因為我們是知識分子，就看不起廣大的基層民眾，在教育他們的同時，我們一定要注意教材的深入淺出，讓人民實際受益，才不辜負這麼多人誠心誠意的尊稱我們為老師！」在晏陽初的呼籲之下，投入平民教育的人數越來越多，大家一起為「作育新民」而努力。但這種勞心費力的工作，當然也會遇到挫折，有的人一腔熱血的投入，卻因為適應不了農村貧窮落後的生活而退出。

定縣在五十年後被評比為全河北省唯一沒有文盲的縣，這和晏陽初等人的努力絕對相關。晏陽初放棄崇高的學術地位而入住茅草屋，終日與農民為伍，這種犧牲奉獻的精神，和他自小接受基督教教會學校的教育相關。晏陽初一直奉行耶穌犧牲享受、享受犧牲的大愛精神，把精力灌注到民國初建時的平民教育。

當時的政局動盪不安，中國正面臨內憂外患交迫的窘狀，先有軍閥內戰，後有日本帝國主義的侵略，可是晏陽初卻在極為惡劣的條件下，以最精簡的花費，爭取到最大成效；以最短的時間，造就出最佳的成果，不到十年間，讓兩百萬人學會了讀和寫的基本技能。晏陽初因此獲得母校耶魯大學頒贈榮譽碩士的學位，還在一九四三年被美國「哥白尼逝世四百年全美紀念委員會」尊為「對世界文明貢獻較大」的重要人物。三年後他親赴白宮面見杜魯門總統，就平民教育的主題而相談甚歡，間接提升了中美之間的外交情誼。

一九四九年，共產勢力占據大陸，平民教育事業被迫終止，晏陽初追隨中華民國政府來到台灣，後又轉赴美國，繼續推動平民教育，協助南美洲、非洲、東南亞等開發中國家減少文盲人數，都有相當好的成效，直到一九九〇年辭世，因此被世人尊為「平民教育之父」。

東京大審判——法官梅汝璈

激烈的論證，和戰犯唇槍舌劍的爭辯，梅汝璈爭的是正義，是國家應受的尊重。

「我無罪！」「我也無罪！我要和中國再大戰三百回合，殺他個片甲不留。」一面對人犯們絲毫不見悔意，異口同聲的辯駁，十一個來自不同國家的法官們面面相覷，旁聽席上的媒體記者、聽眾則是竊竊私語，這是號稱「亞洲世紀審判」的東京大審判現場。

西元一九四五年八月，第二次世界大戰終於結束了。戰勝國決定舉行公開審判，對於那批發動戰爭、屠殺人民、雙手沾滿血腥的好戰分子，給予嚴厲的制裁。歐洲部分選在德國南部的紐倫堡進行，亞洲部分則議定在東京。從一九四六年五月三日開始，到一九四八年十一月十二日為止，東京的「遠東國際軍事法庭」一共開庭八百一十八次，堪稱是史無前例的馬拉松式審判。

戰勝國代表美軍將領麥克阿瑟，任命由中、美、英、法、蘇、荷、加拿大、印度、澳大利亞、紐西蘭、菲律賓等十一個國家各派一名法官出席，而中國的代表則是梅汝璈。

梅汝璈畢業於北京清華大學，又在美國芝加哥大學取得法學博士的學位。這次擔當大任，要為中國在八年對日戰爭所付出的代價，討回一個公道。所以，梅汝璈在三月十九日出發前，報紙上刊載了標題：「清算血債！」不過，梅汝璈卻誠懇的表示：「我並不想採取報復手段，把日本軍閥所犯的過錯，加諸在日本人民身上，我只希望求得正義，藉由懲罰戰犯提醒世人，戰爭悲劇切勿重演。」

梅汝璈當時只有四十二歲，到達東京後，發現其他十位法官都比他年長，於是他在上唇蓄留鬍子，顯得成熟穩重些。面對詭譎多變的國際形勢，以及陰狠狡詐的日本戰犯，艱鉅的任務才正要開始。

這二十八名被稱為是甲級戰犯的日本軍人，包括策畫「太平洋戰爭」，偷襲美國珍珠港海軍基地的東條英機。發動侵略中國東北「九一八事變」的土肥原賢二。控制清朝退位皇帝溥儀，逼迫他成為日本傀儡的板垣征四郎。還有發動「南京大屠殺」，使三十多萬名中國百姓遇害的松井石根等人。可是，他們沒有一個人肯承認自己犯下的罪行。

「證據會說話！」梅汝璈明白，唯有鐵證如山，才能迫使這批戰犯認罪。於是，他和檢察官向哲濬積極蒐證。向哲濬也是清華大學的高材生，後來赴美深造，成為華盛頓大學的法學博士，他比梅汝璈年長十二歲，他們又找了助理檢察官裘劭恒協助，直接向南京大屠殺的倖存者求證。

「一九三七年十二月十三日，我們日軍進占南京，那幾天我因為身體不適，確實沒有注意士兵們的行徑；不過，他們大概只製造了幾樁案件，誤殺了一些人而已。」松井石根此言一出，法庭上一陣喧嘩，甚至連法官都忍不住笑出聲來。因為松井的狡辯實在太離譜了，日軍侵占南京六週，屠殺了數十萬人的暴行，竟被他輕描淡寫的完全否認！

「主席，我請求證人發言。」梅汝璈向庭長韋伯提出要求。三名來自南京的證人到場，分別是伍常德、尚德義，和一名女性張家澤。「我們全家被殺，村民幾十人被活埋，當時我受到槍傷，尚有一口氣存活，未被行兇的日軍發現，所以我偷偷爬離土坑，僥倖保存性命，後來在鄰村獲救；我又親眼看見日軍拿槍對著村民掃射，他們都是手無寸鐵的農民，全部倒臥在血泊中。」法庭上鴉雀無聲，伴隨證人所陳述的，只是旁聽席裡一陣陣的嘆息。

「主席，請容許來自美國的證人發言。」梅汝璈的請求，讓大家吃了一驚。於是，一位名叫約翰馬吉的美國牧師，帶著他冒死拍攝的紀錄片來到現場，一一陳述他所目睹的慘狀。第二天，報紙的標題出現三個斗大的字：「慘慘慘！」松井這幫人再也無法抵賴。

一場場激烈的論證，一次次和戰犯唇槍舌劍的爭辯，梅汝璈爭的是正義，是國家應受的尊重。記得審判開始的前一天，庭長韋伯舉行記者會，十一位法官入座合影留念，梅汝璈當時便表現出凜然不屈的氣節。

「梅法官，你坐第三個位子，讓英國法官和美國法官坐在一起。」「不！庭長，中國在亞洲戰場中貢獻最大，犧牲最是慘烈，換得如今的勝利，我代表中國出席，怎可排在第三？」「梅法官，座位這種細節又何必小題大作呢？英、美法律相近，他倆坐在一起好商量討論嘛！」韋伯隨口敷衍。「庭長，您來自澳大利亞，立場超然，請您主持公道，如果大會不尊重中國，審判還有正義可言嗎？」梅汝璈脫下身上法官的袍子，以退席來爭取權益。「梅法官，這件長袍象徵法官的榮譽和權限，請您先穿上，我們再討論好嗎？」韋伯終於妥協，梅汝璈替中國爭得第二席次的座位，僅排在美國之後，其他九國之前，這就是他的擇善固執。

「東條、松井這批人應該處以極刑。但是，十一位法官將以不記名投票的方式做出判決，我必須積極的進行遊說。」梅汝璈聽說印度法官打算赦免所有的戰犯，他覺得這簡直是姑息養奸。

但是，隨著美、蘇冷戰的開始，國際局勢有了微妙的轉變，美國為了部署亞洲勢力，提議重審輕判，還有人主張將戰犯放逐到一個小島上去反省，梅汝璈覺得這是不可思議的荒謬，他四處奔走，爭取法官們的認同。「罪大惡極的戰犯如果逍遙法外，無辜的犧牲者豈不是枉死？」梅汝璈殫精竭慮的努力。在兩年半的審判期間，有四百一十九位證人出庭，另有七百七十九名人證提供書面資料，舉證四千三百多份，梅汝璈等人的辛苦可想而知。

關鍵時刻到了，結果揭曉，法官們以六票對五票的險勝，決定對七名戰犯處以極刑，其他二十多人則分別處以無期、二十年和數年不等的有期徒刑，梅汝璈終於鬆了一口氣，正義公理畢竟還是自在人心。

中小學生學習書
中小學生必讀中國歷史轉捩點

2015年9月初版　　定價：新臺幣280元
2020年11月初版第三刷

著　者	曹若梅
繪　圖	一手刀
叢書主編	黃惠鈴
編　輯	張玟婷
校　對	趙蓓芬
整體設計	陳巧玲

出版者	聯經出版事業股份有限公司
地址	新北市汐止區大同路一段369號1樓
叢書主編電話	(02)86925588轉5313
台北聯經書房	台北市新生南路三段94號
電話	(02)23620308
台中分公司	台中市北區崇德路一段198號
暨門市電話	(04)22312023
郵政劃撥帳戶第	0100559-3號
郵撥電話	(02)23620308
印刷者	世和印製企業有限公司
總經銷	聯合發行股份有限公司
發行所	新北市新店區寶橋路235巷6弄6號2F
電話	(02)29178022

副總編輯	陳逸華
總編輯	涂豐恩
總經理	陳芝宇
社長	羅國俊
發行人	林載爵

行政院新聞局出版事業登記證局版臺業字第0130號

本書如有缺頁，破損，倒裝請寄回台北聯經書房更換。　ISBN 978-957-08-4618-8 (平裝)
聯經網址 http://www.linkingbooks.com.tw
電子信箱 e-mail:linking@udngroup.com

國家圖書館出版品預行編目資料

中小學生必讀中國歷史轉捩點／曹若梅著．
一手刀繪圖．初版．新北市．聯經．2015.09
264面；17×23公分．(中小學生學習書)
ISBN 978-957-08-4618-8（平裝）
[2020年11月初版第三刷]

1.歷史教育 2. 中國史 3.小學教育

523.34 10104017299